子どもが体調悪いとき、どうしたらいいの？

おの小児科　院長
小野英一

CROSSMEDIA PUBLISHING

はじめに

小児科は皆さんの味方です！

「小児科に連れて行きたいけど、なんだか苦手……」
「いつも通っている先生、なんだか、怖いわ」
「この先生、声が小さいし、説明もよくわからない……」
「こんな軽い症状で連れて行ったら怒られるかな、笑われたらどうしよう」
「コロナのこともあるし、小児科行きたくないな～混んでるし」

など、小児科を受診することをためらわれるお母さんの声をよく耳にします。新型コロナ流行後は特に小児科だけでなく病院受診の自粛が目立ちますね。どれもこれも「そりゃそうだわな～」と僕自身も思ってしまうお母さん方のセリフ、心の声ばかりです。スーパー、公園、児童館、アミューズメント施設などとは違い、小児科に限らず医療機関というものは敷居が何となく高くて行きにくい、そもそも行きたいと思うところではなく、先生を前にすると緊張しちゃうから極力行きたくない……そんなイメージが昔からありますよね。

でも、お子さんが病気をしたら小児科に行かざるをえない、「は～、行きたくないなあ」というため息が聞こえてきそうです。わかりまっせ、それはそれで。でもね、お母さん、お父さん、この本をお読みいただいたあとは、こうした小児科のイメージは180度変わると思います。

申し遅れましたが、僕は兵庫県伊丹市の「おの小児科」で、恐れ多くも院長をしている、小野英一と申します。この度、お母さんやお父さんに少しでも小児科を身近に感じてほしい、もっと気軽に利用してほしい、お子さんの病気の症状やホームケアや小児科を受診するタイミングなどをお伝えしたく、本を出版することとしました。

「小児科選びってどうすればいいの？」

「子どもの〇〇ってどうしたら……」
「どんなタイミングで小児科に行けばいいの？」

など、小児科に行きたくない半面、こうした疑問やご不安もあると思います。

いつ、どんなタイミングで小児科を受診したらいいのか……それを判断すること自体がストレスじゃないですか？

「どうしよう、どうしよう、行こうか、行かないで様子をみようか……」悩んで悩んで……結局、どないしたらいいかわからない。そんなお母さんは全国に大勢いらっしゃると僕は思っています。その逆に、昨今のあふれかえるネット情報から必要な情報を巧みに抜き出したり、ママ友からのLINEなどでのアドバイスを頼りにお子さんの病気の診断や軽症、重症をご判断される親御さんも中にはいらっしゃいます。僕からすれば、それはそれで「このお母ちゃん、かなりの強者やな～」と感心してしまいます。

でもね、僕は思うんですわ。そこまで、お母さんやお父さんがいろいろと悩んだり、情報収集に力を注ぐ必要はないんちゃうかと。そう！「小児科」をもっと気軽に遠慮なく使われたらそれで全てＯＫ、そう思いませんか？お母さん、お父さんが「私が、僕が、子どもの為に頑張らないと」と気負いせず、どんどん小児科を利用してほしい、話しやすい先生に出会ってほしい、そう切に願っています。

先にも書きましたが、ネット検索すれば世の中の情報を簡単に入手できるようになりましたね。そうした情報もときに役に立つだろうし、子育ての先輩であるママ友からのアドバイスも大切だと思います。

でもね、やっぱり小児科を受診し、小児科の先生とｆａｃｅ ｔｏ ｆａｃｅで会話をし、お子さんを先生に見せる。それに勝ることはないんちゃいますかね。お母さん、お父さんがいろいろと悩んだり、情報収集するくらいなら、その時間を使って小児科の先生に会いに行ってほしいなあと思います。是非とも、お母さん、ご家族だけでお子さんの症状、病気、育児の悩みなどを抱え込まず、僕たち小児科医も仲間にいれてくださいな。

この本が、愛するお子さんの小児科選び、症状に対するケアの仕方、小児科受診のタイミングなどなどの皆さんのご不安や疑問を少しでも解消する一助になることを願っています。特に小児科受診のタイミングに関しては、わかりやすいように「黄色信号」「赤信号」

という形で記載しました。

肩の力を抜いて、これからも子育て、楽しみませんか？　そのためにはお子さんのいざというときの必要最低限の知識が必要ですね。この本が、そんな知識を得るための助けになれば嬉しいです。

おの先生こと
小野英一

目次

2章 鼻水と咳が止まらない！ どうしたらいいの？

3章 吐いた！下痢しちゃった！どうしたらいいの？

4章 お腹の悩み！どうしたらいいの？

6章 けいれんが起きた！ どうしたらいいの？

序章

小児科に行くか迷っているあなたへ

小児科は子どもの病気の総合窓口だ

そもそも、子どもの病気は、全て小児科でOKだと知っていましたか？鼻水・耳の痛み、湿疹・とびひ・アトピーなど、耳鼻科や皮膚科で治療するものと思われている病気も、最初は小児科でかまいません。

もっとも、特殊な病気や、なかなか症状が治らない場合には、専門の病院を受診すべきでしょう。その判断も小児科の先生のお仕事です。皆さんが悩む必要はありません。この意外と知られていない事実を知って、皆さんの気持ちが軽くなったのではないでしょうか。

子どもの病院選びはママやパパにとっては、ストレスのかかる大仕事ですよね？皮膚科、耳鼻科、整形外科など、子どもの症状別で通院する病院を見つけようと思ったら、病院を何か所も探さなければなりません。自宅からの距離、先生の評判、診療時間……気になるポイントを確認するだけでも、かなりの負担になると思います。

労力をかけて選んだわりには、実際に病院へ出かけてみたら期待外れだった、という経

験はないでしょうか。

だったら最初から小児科を受診する方が、時間と労力のロスを省けますし、とにかく1か所で済ませられるというメリットが大きいですよね。

小児科は、子どもの病気の総合窓口です。

困ったときには小児科を受診すれば、的を射たアドバイスや治療を受けられるはずです。

たとえば市役所に用事があるとき、どこで手続きをすればいいのか迷ったら、多くの人は総合案内コーナーへ立ち寄りますね。窓口にいる方に案内してもらい、担当窓口へ向かいますよね。

それと同じように、子どもが病気になったときも、まずは総合案内である「小児科」を受診しましょう。そうすることで、たとえば「皮膚科では無理と言われて、小児科に来ました」といった遠回りをせずにすみます。

何科を受診すべきか見当のつかない症状や、骨折を疑われるような症状だったとしても、最初は小児科に相談してみてください。

わざわざママやパパが苦労して病院を探さなくても、小児科の先生が診察や検査を行い、小児科で難しい場合はお子さんの症状に合った診療科や大きな病院を紹介してくれるはずです。

どうしようかと迷ったら、とりあえず小児科へ行きましょう。
こう決めておけば、子どもの病院選びは、ぐっと楽になりますよ。

仲のいい小児科医を見つけるコツ

僕が言うのもなんですけれど、小児科選びは難しいですよね。
特に初めての赤ちゃんを育てていたり、引っ越しをしたばかりだと、何を基準に、かかりつけの病院を選べばよいのか、決めかねる場合もあるでしょう。
そんな皆さんへ、ここでは僕が病院選びのコツを伝授しましょう！

かかりつけの小児科を決めるうえでもっとも大事にしたいポイントは、お母さんと先生

との相性、フィーリングです。「この先生なら仲良くなれる」「この先生ならなんでも相談できそう」と勘が働いた先生のいる病院を選ぶのが、納得のいく治療を受けるための外せない必須条件です。

ネットの書き込みサイトやご近所のママたちの口コミなど、小児科に関する情報は、探そうと思えばいたるところにあふれています。それらも参考にすればいいのですが、情報に流される前に、ちょっと立ち止まってみませんか。

自分の本心よりも、他の方の意見を優先した小児科選びをすると、こんなはずではなかった……と受診したあとに後悔することもあります。

いくら評判の良い先生でも自分との相性が悪いと、つい先生の前で身構えてしまったり、緊張のあまり質問をしそびれたりと、上手にコミュニケーションをとれません。先生の前で緊張するようだと、病院通いがお母さんのストレスになってしまいます。それでは、お子さんの病気を治すどころではなくなりますよね。

他の方の意見優先の病院選びでは、いくつ病院をまわっても信頼できる先生には出会えず、いろいろなクリニックの診察券がポイントカードのように増えるだけでしょう。お子さんはどの病院でも新しい患者さん扱いで、これまでにかかった病気の記録はバラバラになり、お子さんに合わせた治療を受けられなくなってしまいます。これではお子さんがかわいそうですよね。

評判の良い先生が、自分にも良い先生かどうかは、実際に確かめてみないとわからない。お母さん、お父さんには、自分の気持ちを最優先してほしいと思います。

「話しやすい先生だな」「先生の人柄が好き」「少し遠いけれど気持ちよく通えそう」「この病院なら気楽に何度でも受診できる」

お子さんと小児科を受診したとき、親御さんの心にはいろいろな感情が浮かんでくるでしょう。その気持ちを大切にして、小児科を選んでください。

たとえ家から遠くても、先生との信頼関係を築けるところだと、自分の満足度が違ってきます。近ければいい、というものではないですね。

自分の思いを伝えられるか、気兼ねなく言いたいことを言えるか。お子さんが小さいうちは、お母さんやお父さん主導で、自分の気に入った小児科を受診しましょう。

コツがわかったところで、さあ、相性の合う先生を探してみましょうか。

「様子をみる」ってどんな意味？

病院の先生から「様子をみてください」と言われて、モヤモヤしたことはありませんか。ママやパパの中には、「子どもの症状の何に気をつければいいの」と疑問を感じる方もいるようです。表現があいまいな「様子をみる」について、少し解説してみます。

先生によっては、病気の説明と自宅での過ごし方などを指示した締めくくりに、この言葉を使うことがあります。

先生にそう言われても、お母さんは困ってしまうかもしれませんね。説明部分を聞き逃したり、看病が不安だったりする場合は、なおさら意味がわからないでしょう。かといって、次の患者さんが待っているし、先生には質問しにくい、と思われたときには、薬の処方箋を確認してみてください。そこにちょっとしたヒントがあります。

処方箋に書かれた「お薬〇日分」は、「〇日で治るでしょう」という意味のメッセージです。病気の回復までにかかる「様子をみる」期間と治療日数を表すのが、処方箋なのです。

処方された薬の種類と飲む日数を確認すれば、「症状が治るまでにはこのくらいかかるだろう」と診断した先生の治療方針が読み取れます。それに従って、お母さんは自宅で、お子さんの看病をすればいいのです。

薬の切れるタイミングは、病院へ来てもらいたい時期にあたります。もし薬を飲みきっても、お子さんの調子が良くならないときには、もう一度病院を受診してくださいね。もちろん、ひとつのヒントですので、全く良くならない場合は「様子をみる」必要はありません。

ちなみに当クリニックでは、次の来院日や注意事項などを書いた治療計画のプリントを、新米のママやパパにはお渡ししていますが、他の病院でもこのようにしているとは限りません。また、処方箋から先生の考えを皆さんが予想するよりも、疑問な点はその場で聞くほうが、スッキリすると思います。

かかりつけの先生の説明に納得できない場合には、「治らなかったら、いつ頃病院へ来たらいいですか」と、先生へ質問をしてみてください。そこで、「〇〇の症状になったら、すぐに病院へ来るようにね」などと、具体的に指示を伝えてくれる先生なら、安心してそ

の病院へ通い続けられるでしょう。

もし何も教えてもらえないのであれば、他の先生にお子さんを診てもらうべきかもしれません。これもいわゆる相性、皆さんと先生のフィーリングの問題です。

診察が終わり、診察室のドアを閉めた瞬間から、お子さんの病気の管理は、親御さん方に任せられます。あとで心残りのないように、診察中には、先生の「様子をみる」ことも忘れないでくださいね（笑）。

子どもの病気の9割は軽症、でも1割が重症になる

治ったかと思えば、また次の病気にかかる。

子どもが保育園や幼稚園へ通いだすと、とたんに病院へ通う回数が増えますよね。

病気に感染することで、ウイルスや細菌への抵抗力がつくとはいえ、子どもはもちろん、看病する親も大変です。働くお母さん、お父さんは、何度も仕事を休まなければなりません。まだまだ日本では肩身の狭い思いをすることが多いでしょう。

幸いにも子どもの病気の9割近くは、軽症で終わります。もっとも多くみられる病気

は、皆さんもご存じの、熱、鼻水や咳、嘔吐や下痢、ブツブツなどの症状をともなう風邪です。

ただし、残りの1割は、風邪と同じような症状から始まる重症の病気になります。

子どもの病気には、後遺症が残る可能性のある重病も隠れているのです。

「高い熱が出ないから」と油断していたら、実は違う病気ということもあり得ます。

子どもの病気は大人の病気と比べ、良くなるスピードも悪くなるスピードも、圧倒的に速いのが特徴です。良い方向へ向かえば1日足らずで回復することもあれば、いっきに短時間で重症化してしまいます。

ですから、子どもは大人よりも早い段階で治療を始める必要があり、病院へ連れて行くタイミングがとても大切になってきます。

残念なことに、子どもの症状が重くなってから、病院へ来られるお母さんやお父さんもいます。いつもの風邪だろうと安心しているうちに、子どもの症状がみるみる悪化して、慌てて受診されるケースが多いです。

それでも、大半は大きな病院に数日入院したら治りますが、残り1割に該当すると、子どもの世界は変わってしまいます。

これまで小児科医として働く中で、髄膜炎（脳の病気）のような重病を発症した子どもたちを、僕は何人も診てきました。「もう少し早く来てくれたら何とかなったのに」と、苦しむ子を前に、悔しく感じた経験も数多くあります。

元気な頃の面影をなくして、寝たきりとなった我が子の状態に心を痛め、この先何十年も続く介護に絶望された保護者の方々の姿は今でも忘れられません。

もうこれ以上、苦しむ子どもと、打ちひしがれるお母さんやお父さんを増やしたくない。だからこそ僕は、1割の怖さを繰り返しお伝えしています。

知識があれば避けられる悲劇もあります。

- 子どもの病気の9割は軽症、だけど残りの1割の病気は重症
- 子どもの病気は大人の数倍速く進行するから、受診のタイミングを逃すと危険

この2つの事実を、ぜひ親御さんには知っていただきたいと思います。

ただの風邪、でも……

「お母さん、風邪ですわ」
「あ、ただの風邪ですか！　良かった〜」と
「でもね、お母さん、風邪ってさ……」

クリニックの診察室では、こんな会話が毎日のように繰り広げられています。ママやパパのほとんどは「風邪」と聞くと、どうも安心されるようです。
「単なる風邪」で良かった、と喜んでいただけるのは嬉しい半面、風邪なら心配ないという根拠のない楽観的な思い込みは、少し危険かなと僕は思っています。
「風邪」のフレーズが世の中に浸透しているため、原因のはっきりしないウイルス性の症状を表すときに、僕もこのフレーズをよく使います。ただ、医師側とお母さんやお父さんとの間では、風邪に対するイメージが、少し違う気がしています。
お互いの「風邪」に対する認識のズレが、親御さんの使う言葉に表れているのではない

でしょうか。

皆さんもママ友などに、「うちの子、単なる風邪だから」と話していませんか?

そもそも「風邪」とは、「かぜ症候群」と呼ばれる200種類以上あるウイルスにより起こる、発熱、鼻水、咳、嘔吐、下痢などの症状を、ひとまとめにした総称です。

ウイルスを特定できるインフルエンザや水痘帯状疱疹（すいとうたいじょうほうしん）ウイルスとは違い、風邪にはワクチンや特効薬がなく、その治療は現れた症状に合わせて治療を行う、対症療法しかありません。

ご存じの通り、風邪の場合は軽症で済む場合が大半です。そのため甘くみがちですが、風邪のウイルスのほとんどは未確定（いわゆる犯人は正体不明）で、ときには軽症の風邪コースから外れ、予想外の重症へ向かうこともあります。

これが昔から言われている、「風邪は万病の元」ですね。

肺炎、心筋炎（心臓の筋肉への感染）、髄膜炎、脳炎などの重篤な病気も、最初の入口は「風邪」です。あとから肺炎になる子どもたちも比較的多く、肺炎と診断すると、「えー！　風邪って前に○○先生から言われたのに……」と驚かれるママやパパが大勢いらっしゃいます。

こうした発言からもわかる通り、風邪がボスキャラに化けることがあるという事実は、あまり知られていません。だからこそ「風邪」は、ときに怖くて、厄介な病気といえるのです。

この事実をお伝えするために、僕はお母さんたちと、さっきのようなやり取りを繰り返しています。

さて、その続きはというと……。

「でもね、お母さん、風邪って相手がわからんやん。てことは、犯人が誰かわからんってことよ。つまり正体不明やから特効薬がないねん。そう考えたら単なる風邪も、まあまあ厄介やで。だから熱が4日くらい続いたり、症状がひどくなったりしたら、もう1回診せてもらっていいですか？　よろしく！」

「なんか変」という親の勘は正しい

いつも子どもと一緒にいるお母さんやお父さんは、子どものちょっとした変化でも見逃しません。

「ようそんなトコ、見てんな〜」と驚くような場所にあるブツブツを発見したかと思えば、僕たち医師でも見落とす重病のサインをいち早く、感じとられたり。

3人目を育児中のプロ化したお母さんにも、生まれたての赤ちゃんを育てる新米お母さんにも、全てのママ・パパたちに標準装備されている「親の勘」センサーには、小児科医も脱帽です。

小児科の医学用語に「not doing well（ノット・ドゥイング・ウェル）」があります。日本語では「何となくおかしい」「いつもと違う」と訳します。

言葉を話せない赤ちゃんの、行動や状態に表れる病気のサインを意味し、医師は異常な症状を見極めるための判断材料に役立てています。お母さん達は誰に教わったわけでもないのに、このサインを読み取れるのです。

赤ちゃんに限らず子どもが病気になる前には、何かしらのサインがみられます。

一番多い身体からのサインは発熱ですが、他にも子どもが全身から発する無言のメッセージがあります。それらを素早くキャッチできるのは、医師ではなくて、子どもと日々接するお母さん・お父さんなのですね。

毎日子どもと一緒にいるお母さんだからこそ、小さな変化に気づけるのです。

「ミルクの飲みが悪い」「いつもなら寝ている時間にまだ起きている」「ずっと不機嫌が続く」といった普段とは違う子どもの様子は、重病や症状の急変を表すものかもしれません。ささいなことだからと流さずに、かかりつけの先生に相談してもらえたら、うれしいです。

ママやパパには自分の勘に自信をもってほしい。

「何かおかしい」と感じた「親の勘」センサーが、たとえ誤作動に終わったとしても、それはそれでいいじゃないですか。うちの子の病気についての経験値がアップした、勉強になったと、前向きにとらえましょう。その勘が重篤な病気の診断の手助けになるかもしれないので。子どもを病院へ連れて行くほどではないし……と迷ったときこそ、「親の勘」

を過小評価しないで、小児科を受診してくださいね。

参考：『助産雑誌 64巻7号（2010年7月）』医学書院
Not doing well（何となく元気がない）―異常を見極める観察技術と判断力を養う
https://webview.isho.jp/journal/detail/abs/10.11477/mf.1665101692

うちの子の「フツー」を知っておく

皆さん、お子さんが元気なときの普通（ここでは「フツー」とします）の状態を、具体的にご存じですか？

「フツーに元気です」などと何気ない会話で使われるこの言葉は、子どもの体調管理面においては、さまざまな意味に解釈できます。なぜなら人間には個人差があるため、「フツー」は一人ひとり違い、どの子にも当てはまる「フツー」は存在しないためです。

たとえ兄弟・姉妹であっても、子どもによって体質や性格は違うように、同じ年頃の子どもでも、体格、食事の量、睡眠時間や活動量にいたるまで、見事にバラバラです。

また、子どもの「フツー」には身体面だけではなく、生活リズムや行動パターンも含めて、その子独自のものがあります。

たとえば機嫌よくニコニコと公園を走り回るのが好きな子もいれば、家の中でお絵描きに熱中する子もいます。どちらも、その子らしい「フツー」の状態で、元気さの表れですよね。

たまに雑誌やネットに書かれた同じ月齢の子どもの平均値や、ブログやママ友経由で知った他の子の「フツー」と自分の子を比べて、気にするお母さんがおられます。それらの知識も、我が子の発育や病気の症状を把握するためには、大切な判断材料のひとつになるでしょう。

しかし、よその子どもについての情報は、あくまでも参考にしかなりません。お母さんが普段から自分の子どもを観察して得た「フツー」の方が、何かのときには役に立つのです。

たとえば、平熱は大体37度で、排便は2、3日に1回が多い、食は細いほう、いつも9時過ぎには寝る、外遊びが好きで、よく喋る、など。

大まかに我が子の特徴を掴んでおくと、いつもとは様子が違う、生活リズムが崩れてい

るといったところからも、調子の悪さを感じられますよね。

うちの子の「フツー」を理解することでお母さんは、お子さんの体調変化に自然と気づけるようになります。

うちの子の「フツー」は、子どもの成長と共にアップデートされます。

幼稚園へ通うようになって好き嫌いが減った、スイミングを習って丈夫になったみたい、そういえば熱を前より出さなくなったなぁ、などなど。

その中には、ママやパパにとって喜ばしい変化も含まれているのですね。

外部の情報収集に熱心になるよりも、うちの子の取り扱い説明書を作るつもりで、親子での触れ合いを楽しみながら、お子さんの「フツー」を発見し続けてみませんか。その「フツー」が「フツー」でなくなったときが、病気の始まりかもしれません。

「こんなことで来てしまって」の遠慮はNG

「こんなことで病院に来てしまってスミマセン……」お子さんの病気が軽症とわかると、僕に謝られるお母さんがいます。

もしかすると、子どもが重い病気のときにしか、小児科へ連れてきてはいけないと思われているのかもしれません。先ほどのように子どもが軽症だとわかると、途端に申し訳なさそうな顔をされる方が大勢いらっしゃいます。

でもね、お母さん、それは大きな誤解です!!

お子さんの症状の軽い・重いにかかわらず、気軽に小児科クリニックを受診してください。

小児科は、予防接種・健診に来る子ども、病気の子どもを診るだけの場所ではありません。お子さんの症状に不安を持つママやパパに、不安を解消して安心を感じてもらう場所でもあるのです。僕は皆さんに、もっと気楽に小児科を利用してもらいたいと願っています。

先にも書きましたが、そもそも子どもの病気は、ほんの少しの異変から始まり、ときに重症化します。「なんであのとき子どもを病院へ連れて行かなかったんだろう」「もっと早く小児科へ行っておけば……」こんな後悔はしたくないですよね。

当クリニックでは、重症ではないとわかった場合「大したことがなくて良かったやん」と笑いとばし、「もうちょい頑張りましょ」と声がけしています。

「こんなことで受診を……」と、皆さんが気にされる必要はありません。

個人的には、子どもの様子が気がかりなときには、ためらわずに小児科に行く方がいいとさえ思います。診察を受けて子どもに異常がなければママやパパはホッとするだろうし、仮に何か見つかっても、その時点で治療を始められるので、何のデメリットもないですよね。

逆に、皆さんだけで、子どもの症状がどの程度のものであるかを判断するのは、不安ではありませんか？

ただでさえ大変な育児に、余計なストレスを増やすのは止めましょう。

病気の診断と子どもの治療については、僕たち小児科医にお任せくださいね。

病院へ行くことが経験になり、親も成長する

子どもが生まれたその日から、私たちは自動的に「親」になります。ではお母さん、お父さんと呼ばれる立場になったら、自然に育児をできるようになるのでしょうか？

そんなに都合よくはいきませんよね。

子どもの年齢と、ママやパパの子育て年齢は同じです。子どもが生後5か月ならママやパパの子育て年齢も5か月、子どもが小さいほど、親の看病の経験は未熟なものです。

もし赤ちゃんの病気が少なければ、病院へ連れて行く機会が少なくて楽なものの、お母さんが子どもの病気について学ぶチャンスは減ってしまいます。もしかしたら、いつまで経っても病気で寝込む子を看病することもなく、育児スキルが未熟なままかもしれない。

それに対して、良いのか悪いのか病気がちな子を持つお母さんの看病の経験値は、短期間でもメキメキと上がります。

健診や予防接種も含め、小児科で先生に子どもを診てもらうことは、新米のお母さんに

とっては経験値を上げる絶好の学びの機会といえます。病院を受診する行為そのものが、お母さん、お父さんを鍛えてくれるのですね。

1人目を育児中のお母さんには、「どうか病気にかかりませんように」と祈るような気持ちで、慣れない赤ちゃんのお世話をしている方もいるかもしれません。お気持ちはわかりますが、お母さんから受け継いだ免疫は、生後半年ほどを過ぎると赤ちゃんの体内から消えてしまいます。それ以降は病気を通して、子どもが自力で強くなっていかなければなりません。子どもの成長には、病気がつきものなのです。

ぜひ、お母さんは子どもの病院通いを続けてください。病院を受診する経験を重ねることで、ある程度までの症状の見極めが自分でできるようになり、病院へ行く・行かないを判断する感覚が研ぎ澄まされていきますから。

「お母さん、喉が赤いだけの、お風邪だね。元気そうだから薬はいらないかな」と先生に言われて、拍子抜けする日もあるでしょう。でも、この一見無駄な労力も実は後々になって役に立つのです。

かかりつけの病院へ出かけて先生と会話を繰り返すうちに、お母さんに病気の見通しがつくようになります。前回の症状ではこんな風に言われたなどの記憶が深まるにつれ、症状の経過や、受診のタイミングを掴めるようになるのです。

そう考えると面倒に感じる通院も、少しは楽しみに思えてきませんか。プラス思考、これ大事です！

子どもの病気と向き合いながら、親の子育て経験値はアップします。

ネットの情報や育児書を読んで勉強をするよりも、トライ&エラーの精神で病院を活用し、小児科の先生といろいろな話をしてみてはどうでしょうか。

コラム

子どもの健康を守るための検査もある

子どもの症状について、ひと通りの説明を受けたあと、「検査をしましょう」と先生から言われて動揺した経験はありませんか？
病院の検査には、「何をするのか不安、身体に悪影響が出るのでは」といった

疑問がついてまわります。できれば大人でも避けたいですよね。

小さいお子さんをお持ちのママやパパは、子どもに検査を受けさせることに、なおさら抵抗を感じるかもしれません。検査内容によっては、レントゲンのように放射線を身体に浴びる検査もあります。そのような検査で皆さんが、子どもへの被ばくを恐れる気持ちはわかります。

小児科医の間でも、「人体へ悪影響を及ぼす危険のある検査は極力行わない」と、レントゲンなどの検査に消極的な立場をとる先生もいます。

「子どもがかわいそう」「親が嫌がる」、だから、「あえて検査は勧めない」と。

考え方には正解も不正解もないとはいえ、子どもの健康を守る広い意味においては、こうした小児科医の考え方を、正しいとは言いきれないと僕は思います。

なぜかと言うと検査には、「検査をするだけの理由」があるからです。

たとえば、子どもに多い肺炎は、最初に風邪と診断される場合がほとんどです。胸の音を聞くだけでは風邪との見分けがつかず、肺炎が見落とされることもよくあることです。

実際に別の病院へ行ってから当クリニックを受診したお子さんで、胸のレントゲン写真を撮ってみると、肺炎だったことは「あるある」です。

「子どもを痛い目にあわせるのはかわいそう」「身体の負担になる検査は控えたい」そう思われる気持ちは、十分理解できます。でも、レントゲン検査や血液検査を受けないことが、子どもにマイナスの状況を招くとしたら、やみくもに検査を怖れ、拒否することは……。

食わず嫌いならぬ検査嫌いは、あとで後悔するかもしれません。皆さんだけでなく、医師にも言えることです。

もし皆さんのお子さんが検査を勧められたら、何のために検査をするのか、ご自身が納得するまで、先生からしっかりと説明を受けましょう。そのうえで、検査をする・しないの最終的な判断していただけることを願っています。検査をしないとわからない病気、検査をして重症だと判明するケース、実は意外と多いものです。

1章

熱が出た！どうしたらいいの？

熱が出るのはどうして？

「あれっ、この子、熱があるみたい……」元気そうに遊んでいる我が子のおでこに手を当てて、アタフタしたことはありませんか。さっきまでは何ともなかったのに……と不思議に思われるかもしれませんが、これには子どもの体の仕組みが関係しています。

赤ちゃんや乳幼児の体温は36度台後半~37度台前半で、大人よりも平熱が高いことが多いです。

さらに、子どもは大人に比べると、脳の体温を調節する機能が未熟です。そのため、厚着や室温の変化、運動や外出などでも体温が上下しやすく、病気でなくても高い熱を出す場合もあるのです。元気なのにやたらと熱を出す、でもすぐに熱が下がるのは、子どもの特徴といえるでしょう（こうした一瞬の熱は病気でない場合が多いでしょう）。

病気で熱が上がる場合の多くは、ウイルスや細菌による感染で起こります。体内にウイルスや細菌が侵入すると、脳は体温を上昇させて免疫力を高め、病原菌を増やさないようにします。

つまり、熱は悪いものではなく、体を守るための正常な反応なのですね。入ってきたウイルスや細菌と身体が闘っている最中、子どもの体温が40度台に上がることも珍しくありません。

高熱が続くと子どもの脳にダメージがあるのでは、と心配される親御さんがいますが、これは子どもの体温調節機能の未熟さから起こるためで、熱が高いからといって脳にダメージの出る可能性はほぼありません。まず後遺症は残らないのでご安心ください（注脳の病気を除きます）。

知っておいてほしいのは、子どもの熱では、重症度と熱の高さは比例しないことです。熱が高い＝重症、熱が低め＝軽症ではありません。ママやパパは、お子さんの体温の変化に動揺せず、熱以外にも他の症状のチェックをしてみてください。

微熱だから軽症とは限らないが、高熱だからといって必ずしも重症ではない、これが子どもの熱です。

参考：「テルモ体温研究所」https://www.terumo-taion.jp/health/temperature/06.html

ワンポイントアドバイス

子どもが熱を出したら、「機嫌」と「水分をとれているか」を確認する

子どもに熱があるときは、機嫌のよさ（普段通りに遊ぶ、寝る）と、水分をとれているか（赤ちゃんなら、おっぱいやミルクを飲めるか）が、症状をみるうえで一番大切なポイントになります。まずは、そこをチェックしてみてください。

続いては、子どもの月齢ごとに、症状の見分け方と病院を受診するタイミングをお話しします。

【新生児から生後3か月未満の赤ちゃん】

生後3か月未満の赤ちゃんでは、病気のサインが発熱以外には表れにくいため、機嫌のよさやおっぱいやミルクを飲んでいるかどうかだけでは、症状の重さを判断できません。この月齢の赤ちゃんが38度を超える熱を出したら、すぐに病院を受診してください。

ぐったりしていたり、オムツが半日以上乾いていたりする場合は、おそらく熱だけでも入院になります。風邪とわかっていても入院となる場合があるくらいですから。

いずれにせよ、生後間もない赤ちゃんが高い熱を出した場合には、必ず病院を受診するようにしてください。どんな病気が隠れているかわかりません。もっとも大切なポイントのひとつですので、覚えておいてください。

【生後3か月を超えた赤ちゃんから子ども】

機嫌がよくて水分を摂取できていれば、子どもに熱があっても、急いで病院を受診する必要はありません。元気よく遊べて食欲もあるなら、あわてる必要はないでしょう。ただし、いつもより機嫌が悪い、ぐずりが続く、ぐったりしている、食欲がなく水分をとれない（食べられない、飲めない）ようなら要注意です。熱の高い低いは関係なく、早めに病院を受診してください。

黄色信号の熱
2、3日様子を見て、病院を受診する

子どもの熱の原因は、風邪などの感染症によるものが大半です。そのため熱が上がる他にも、身体からウイルスを出そうとして、体のあちこちにいろいろな症状が現れます。熱の他に、鼻水、咳、1、2回の嘔吐、下痢などの症状がみられる場合は、子どもの体調をみながら、本人が辛そうでなければ数日間自宅で様子を見守ります。

ただし、熱以外の症状もある場合、ぐったりしているかなど、しんどさの加減で受診の

タイミングは変わります。不安でしたら様子をみず、すぐに受診をしてもかまいません。

すぐに病院へ行けないときのホームケア

熱のある子どもが心地よく過ごせるように、「どこを」「どのように」「何で」熱を下げればいいでしょうか。一般的に言われているのは、水分補給・衣服の調節・身体を冷やすといった3つのホームケアです。

① 水分補給

子どもが熱を出すと、汗をかいて皮膚の表面から水分が蒸発して、体内の水分量が減ります。熱による脱水症状を防ぐために、水分をこまめに与えるようにしましょう。赤ちゃんの場合は、おっぱいかミルクをこまめに飲ませるようにします。

水分補給には水やお茶よりも、糖分不足による低血糖を避けるために、糖分を含む飲み物を選ぶといいでしょう。経口補水液やイオン飲料、ジュースを飲ませてあげると、水分と糖分の両方がとれます。

子どもに食欲があるようなら、なるべく消化の良いものを食べさせましょう。

おかゆや、うどん、食パンなど柔らかいものが好ましいですが、絶対にそうしなくてはいけないわけではありません。おかゆや、うどんが嫌いな子もいますし、ザックリ言いますと、お子さんの好きな食べ物でいいんです。口当たりの良い、お菓子やアイスクリームを与えてもいいですね。体が弱っているときは食事の栄養バランスよりも、水分・糖分・カロリーを補うことを優先してください。

② 衣服の調節

子どもは熱の出始めには体に寒さを感じ、熱が上がりきると、今度は熱さを感じます。熱が上がりきるピークのタイミングで、薄着にしてあげると良いでしょう。

本人の様子をみながら衣服を重ねたり、脱がせたりして、過ごしやすいようにしてあげます。衣服の着せすぎは、体内に熱がこもるので避け、汗をかいたときには、その都度着替えをさせてください。

③ 身体を冷やして熱を下げる工夫

熱が出ているときには、子どもの体の太い血管のある場所（太もものつけね、脇の下、首すじ）を重点的に冷やします。保冷剤をハンカチなどの布で包み、これらの場所に当てると良いでしょう。なお、市販の冷却シートをおでこに貼っても、熱を下げる効果はあまり期待できません。ただし、お子さんがひんやりとした感触を気持ちいいと喜ぶのであれば、貼ってあげると快適に過ごせます。

お風呂は入れてOK

子どもがぐったりしている、寝てしまったときなどは別として、そうでなければ、お子さんをお風呂に入れてあげてください。

ひと昔前までは、熱があるときの入浴は控えるのが望ましいとされていました。しかし、現在では入浴には体を清潔に保つ以外に、皮膚の表面から熱を逃がす効果もあるとわかっています。お風呂上がりには、熱でほてった体がスーッと涼しくなって気持ちいいですよね。具合が悪そうでなければ、入浴をさせてもよいでしょう。

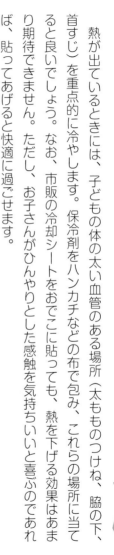

解熱剤は病気を治す薬ではありません

高い熱が出たら、熱を下げるために解熱剤（座薬）を使わないといけない。そう信じているママやパパは結構います。けれども、解熱剤だけで熱が簡単に下がるとは限りません。体はウイルスや細菌と闘おうと体温を上げるため、解熱剤を使っても、何時間かすると熱が上がってしまいます。

なぜ解熱剤が薬と一緒に出されるのかと言うと、発熱で体力を消耗している子どもに、食事や睡眠をとれるようにするためです。一時的にでも熱を抑えて、その間に子どもが何か口にしたり、楽に眠れるようになったりすることが目的で、解熱剤は病気そのものを治すための薬ではないのです。

熱が下がるのは、身体の持つ自然治癒力と、それを助ける薬の効果によるものです。解熱剤を使ったからといって、必ずしも熱が下がるわけでも、症状が軽くなるわけでもありません。

正直、一瞬でも熱が下がってその間に、少し水分や食事がとれたり、眠れたりしたら、それでラッキーくらいに思っておいてください。

赤信号の熱
すぐに病院を受診

熱の他に、次のチェックリストの症状をともなう場合には、重症の可能性があります。遅くとも、症状の起きた翌日までには病院を受診しましょう。

子どもに、けいれん、ぐったりしている、意識がもうろうとしている、様子がおかしいなどの症状がみられる場合には、すぐに救急車を呼びましょう。

Check!

こんな症状は危ない

- 生後3か月未満で38度以上の熱が出ている
- 食べない・飲めない（赤ちゃんの場合は、おっぱいやミルクを飲めない）
- おしっこが半日出ていない（赤ちゃんの場合は、オムツが半日濡れない、乾いている）
- 鼻水と咳がひどく高熱が4、5日続いている
- 鼻水と咳がひどく呼吸が苦しい、眠れない

・繰り返し、激しい嘔吐や下痢の症状がある
・けいれんを起こした
・ぐったりしている、意識がもうろうとしている
・機嫌が悪い、いつもと様子がちがう

熱と、その他の症状でわかる赤信号の病気

熱と、その他にみられる症状を組み合わせると、一定のパターンに分けられます。この症状のパターンは病気によって異なるため、知っておくと病気の見当がつきます。
たとえば、熱の他に、激しい頭の痛みと嘔吐がみられる場合は……

例：熱　＋　頭痛　＋　嘔吐　＝　髄膜炎・脳炎・脳症（細菌の感染によって起きる脳の病気）

と考えることができます。もちろん必ずしも正解ではなく、「疑う」ことができるとい

うことです。

続いては、熱が関係する赤信号の病気をご紹介します。

なお、組み合わせた症状に当てはまる病気が複数の場合には、そのどれかの病気である可能性が高いことを表しています。症状の現れ方には個人差もあるため、あくまでも目安として、お読みください。

・熱　＋　鼻水や咳がひどく、ゼーゼーと苦しそうに息をする

⬇ **肺炎、喘息、喘息性気管支炎（ウイルスや細菌による気管の感染症）、クループ症候群（オットセイの鳴き声に似た咳の出る、喉の風邪と呼ばれる感染症）**

・熱　＋　けいれんがある

⬇ **熱性けいれん、髄膜炎・脳炎・脳症**

・熱　＋　激しい頭痛、嘔吐がみられる

⬇ **髄膜炎・脳炎・脳症**

・熱　＋　子どもの様子がいつもとは違う（やたらと大人しい、笑わない、遊ばない）
➡心筋炎（心臓の筋肉にウイルスなどが感染して起きる病気）、髄膜炎・脳炎・脳症など

・5日以上高い熱が続く、子どもがぐったりしている
➡菌血症（血液の中に細菌が入り込む病気）

・熱　＋　ずっと吐いている（嘔吐が10回以上続く）、下痢をする
➡急性胃腸炎（ウイルス感染により起こる、胃腸風邪と呼ばれる病気など）

・4、5日高い熱が続く、目や唇が真っ赤になる、全身にブツブツが出るなど
➡川崎病（ウイルスや細菌の感染により、全身の血管に炎症の起きる病気）

もちろん、これだけではありませんが、小児科医はこうした症状の組み合わせから、子どもたちの病気を診断していきます。他の症状でも紹介していきますので、ご参考になれば嬉しいです。

コラム

抗生剤は何にでも効く薬？

風邪の子どもに薬を出そうとすると、「抗生剤を出してもらえますか」と頼まれることがよくあります。以前に抗生剤を飲んで、お子さんの具合が良くなった、いわゆる成功体験をされているからなのでしょう。

抗生剤を使った翌日に、長引いていた子どもの熱が下がったら、誰でも抗生剤の効果だと考えます。そうなると次に風邪をひいたときに、風邪薬だけだと不安になりますよね。

過去の体験をもとに、病気には抗生剤が一番！　と信じこむ、ママやパパや祖父母の方々は、未だに根強く存在します。とはいえ、抗生剤の威力を1度でも目の当たりにした皆さんが、そう考えてしまうのも無理もないかもしれません。実際に効いた例も多かったですからね。

ここで少しだけ、抗生剤についてお話しします。実は抗生剤は細菌に効く薬

で、ウイルスには効果が全くありません。一方で、子どもの風邪の7〜8割は、ウイルス感染によるものと言われています。つまり、ウイルスの風邪が治ったことと、抗生剤の使用とは無関係なのです。

ママやパパの多くはウイルスと細菌の区別があいまいで、軽い風邪症状でも抗生剤に期待をよせます。しかし、ほとんどの風邪には抗生剤を出してもウイルスに効果がないため、小児科を受診しても、抗生剤は処方されない場合が多いわけです。

抗生剤の効き目が現れるのは、残り2〜3割の細菌感染によるものです。これらには、細菌に感染して起こる、風邪をこじらせた肺炎なども含まれます。実は、この見極めが難しいんですけどね。

日本では国の方針や日本小児科学会の見解などから、子どもへの抗生剤の投与を控えることが望ましいとされています。抗生剤を求めるお母さんと、抗生剤の使用に消極的な小児科医との間で密かに繰り広げられるバトルの原因は、ここにもあるわけです。

ちなみに僕の父は、製薬会社で抗生剤の開発をしていました。そんな家庭で育った僕自身は、さほど抗生剤の使用に抵抗はありません。どちらかと言うと小児科医の中でも抗生剤を処方する方だと思っています。

たしかに、抗生剤の安易な使用は避けるべきですが、〇〇の薬を欲しいと訴えられるママやパパにも、それなりの理由があるでしょう。もし皆さんが抗生剤を必要な場合には、どうして抗生剤が欲しいのか、その訳を具体的に先生へ話してみてはどうでしょう。抗生剤が出る出ないにせよ、皆さんがお子さんの診療・治療に納得する必要があります。その際には先生からも、治療でわからない点や、抗生剤を使わない理由についての説明を聞いておかれると、不満が残らずに済むと思います。

「抗生剤をもらいたかったのに、先生に言えなかった」

と、後悔することのないように、ちゃんと先生に相談して、抗生剤にまつわる不安や不満をためこまないようにしてくださいね。

熱が出た

38度未満の
微熱

生後3か月未満の赤ちゃんの熱が38度を超えたらすぐに受診です

ポイント

38度以上の
高熱

生後3か月未満の赤ちゃん

生後3か月以上の赤ちゃん・子ども

激しい頭の痛み、吐いた、泣き止まない・機嫌が悪い、意識がおかしい、ぐったりしている、けいれんを起こした、顔色が悪い、苦しそうな呼吸、おしっこが半日出ない

いつもと様子が変わらない（機嫌が良い・おっぱいやミルクを飲む・食欲がある・顔色が良い）

翌日～数日のうちにかかりつけの病院を受診

いつもと様子が違う（泣き止まない・機嫌が悪い・おっぱいやミルクを飲まない・食欲がない）、吐いた、下痢をする

当日または、できるだけ早くかかりつけの病院を受診・電話相談

いつもと同じ様子（機嫌が良い・母乳やミルクを飲む）でも、すぐに病院を受診！

いつもと様子が変わらない（機嫌が良い・おっぱいやミルクを飲む・食欲がある・顔色が良い）、咳や鼻水がある

翌日～数日のうちにかかりつけの病院を受診

いつもと様子が違う（泣き止まない・機嫌が悪い・おっぱいやミルクを飲まない・食欲がない）、吐いた、下痢をする

当日または、できるだけ早くかかりつけの病院を受診・電話相談

大至急病院を受診
救急車を呼ぶ！

チャートはあくまでも目安です。症状は子ども一人ひとりで異なるため、受診するべきか判断に迷った場合は、電話やオンライン医療相談システムなどで医療機関へ問い合わせましょう。

2 章

鼻水と咳が止まらない！どうしたらいいの？

鼻水や咳が出るのはどうして？

「この子、もしかして風邪？」ママやパパが心配になる症状に、鼻水と咳があります。

鼻水や咳は、異物を体外へ出そうとする体の反応です。

子どもの鼻や口に、ウイルスや細菌、花粉、ハウスダスト、黄砂などが入ると、それらを体の外へ出そうとして鼻水や咳が出るのです。

鼻水と咳の症状自体は、決して悪いものではありません。

少しぐらいの鼻水や咳であれば、放置しておいても勝手に数日で治るでしょう。

昭和の時代には、鼻水を垂らして元気に走り回る子どもがいましたよね。僕も、そんな子どもの1人でした。

とはいえ社会や環境の変化により、現在は病気自体の予防や、あとから悪くなったときのことを考えて、初期段階で症状を治そうとする傾向も強まっています。

子どもの鼻水や咳を過剰に心配する必要はありませんが、「おかしいな」と親御さんが思われたら、早い段階で病院を受診されるといいでしょう。

ワンポイントアドバイス

鼻水の色は何色？ どんな咳をしている？ 子どもの症状を観察しましょう

鼻水

鼻水は、鼻水の色と状態を観察し、診察のときに先生へ伝えてください。色のついていない透明な鼻水、黄色の鼻水、血が混じった鼻水、サラサラで水っぽい鼻水など、鼻水の色と状態がわかると、病気の程度を判断するのに役立ちます。

鼻水が出る症状で、重病になる病気はほとんどありません。鼻水でもっとも多いのは、風邪によるものです。鼻水は、熱や下痢などの症状と一緒に現れる、言わば風邪のメイン症状だと考えてもらえれば良いでしょう。ちなみに治しにくい、治るのに時間がかかるのも鼻水の特徴のひとつですね。

咳

注意が必要な咳の症状に、次の3つのパターンが挙げられます。これらの症状は咳がひどくなると現れるため、咳の重症度を見極めるヒントになります。

☑ ヒューヒュー、ゼーゼーと苦しそうに息をする

- ☑ 咳がひどくて夜に起きてしまう、咳で眠れない
- ☑ 咳をして吐く

咳がひどくなると子どもは体力を消耗します。皆さんもご経験があると思いますが、大人でも咳が続くと辛いですよね。これら3つの症状に気づいたら、すぐに病院を受診してください。

このときママやパパは、お子さんの咳の仕方も観察してみてください。乾いた咳、湿った咳、痰の絡んだ咳、ケンケン、ゼーゼー、ヒューヒュー、オットセイの鳴き声のような咳など、具体的に説明できると病院での診断に役立ちます。もちろんスマホで動画を撮ってもOKです。

黄色信号の鼻水と咳
2、3日様子をみて、病院を受診する

鼻水と咳が出たときには、それ以外の子どもの症状を観察しましょう。

子どもに熱がなく、食事を食べられて元気なようであれば（赤ちゃんなら、おっぱいやミルクを飲めて機嫌のいい状態）、数日家で様子をみてもらってもかまいません。

2、3日経って、熱が出た、鼻水の色が黄色くなってきた、など症状に変化が表れた場合には病院を受診してください。

注意していただきたい点は、赤ちゃんの鼻づまりです。赤ちゃんは鼻が詰まると、おっぱいやミルクを飲めなくなったり、眠れなくなったりします。たかが鼻づまりと軽く考えていると、呼吸困難で入院となるケースもあります。赤ちゃんは口呼吸が上手くできないので、辛そうなら小児科を受診しましょう。

もちろん、子どもの様子をみて不安に思われたら、鼻水だけでも早めに小児科を受診してもらって問題ありません。困ったときには気軽に先生へ相談できる、それが小児科ってもんです！

すぐに病院へ行けないときのホームケア

鼻水と咳を和らげるには、加湿・保湿・水分補給が大切です。

症状が少しでも楽になるように、皆さん、お家での環境づくりとお子さんのケアに努めてくださいね。

① 部屋の加湿と保湿

部屋の温度は一定に保ち、湿度を高めにします。

風邪のウイルスは湿度60パーセントを超えると死滅するといわれているため、加湿器を使う、または水で濡らしたタオルを干すなどして、室内の乾燥を防ぎましょう。お湯をはったバスルームは水蒸気がこもり加湿効果が高く、鼻や喉から体にウイルスが入るのを防いでくれます。鼻水や咳の症状が和らぐので、子どもの具合が悪そうでなければ、お風呂に入れてあげましょう。

② 水分補給

水分補給には、水やお茶よりも、糖分を含むジュースやイオン飲料を多めに飲ませるようにしましょう。水分を多くとるほど粘り気の少ないサラサラの痰になり、お子さんも楽になります。

③ 子どもが鼻水や咳で苦しそうにしているときの対応

子どもに鼻水が出ているときは、鼻水を飲み込まないようにママやパパが気をつけてあげましょう。鼻水がたれていたら、すぐに拭きとってあげるか、本人に鼻水をかむように伝えてください。鼻水をかめない赤ちゃんは、鼻吸い器などで吸ってあげると良いでしょう。個人的には電動がオススメです。

元気そうなら、市販の風邪薬や咳止めシロップを飲ませて自宅でケアしてあげると、2、3日で症状が治まることもあります。

市販薬は病院で処方する薬よりも効き目が穏やかに作られているため、使用面での安全性に問題はないと思います。夜間や休日に子どもが急に具合が悪くなって、かかりつけの病院へ行けないこともありますよね。そんなときのために、市販薬を用意しておかれると便利です。

どの市販薬がいいかなど、購入を迷われる場合には、かかりつけの先生へ相談してみてはいかがでしょうか。ただし、市販薬を嫌う先生もいらっしゃいます。そのような場合は、市販薬を使わずに症状を和らげる方法を、聞いておかれると良いと思います。

赤信号の鼻水と咳
すぐに病院を受診

鼻水や咳の他に、次のチェックリストの症状をともなう場合には、気管支喘息の発作や急を要する病気の疑いがあります。すぐに病院を受診するか、場合によっては迷わず救急車を呼びましょう。

こんな症状は危ない

・眠っているときの呼吸の回数が多い、呼吸をするのが辛そう
・息をするときに鼻がピクピク（鼻翼呼吸）する、お腹がペコペコ（陥没呼吸）へこむ
・食べない・飲めない（赤ちゃんの場合は、おっぱいやミルクを飲めない）
・おしっこが半日出ていない（赤ちゃんの場合はオムツが半日濡れない、乾いている）
・咳をして吐く

・咳で眠れない
・子どもの顔色がかなり悪い

鼻水や咳と、その他の症状でわかる赤信号の病気

鼻水や咳と、その他にみられる症状を組み合わせると、一定のパターンに分けられます。もちろん判断は医師に任せたほうがいいですが、このパターンは病気によって異なるため、知っておくと病気の見当がつきます。

たとえば、鼻水と咳以外に、5日以上高い熱が続く場合は、

例：鼻水と咳 ＋ 5日以上の高熱 ＋ 辛そうな呼吸 ＝ 肺炎、マイコプラズマ感染症の疑いがあります。

続いては、鼻水と咳が関係する赤信号の病気が疑われる症状をご紹介します。

なお、症状に当てはまる病気が複数ある場合には、そのどれかの病気である可能性が高いことを表しています。症状の現れ方には個人差もあるため、あくまでも目安として、お読みください。

鼻

- 鼻風邪をひいて耳を痛がる
  - ➡ **中耳炎（鼻からウイルスや細菌が耳に入り炎症の起きる病気）**
- 黄色くてドロッとした鼻水が出る
  - ➡ **副鼻腔炎（ちくのう症）**
- 透明な鼻水が出る、鼻がかゆい、くしゃみが出る、熱は出ない
  - ➡ **アレルギー性鼻炎**
- 頭を打ったあとに鼻血が出た、鼻血が止まらない

➡**頭部外傷など頭の病気**

咳

- 咳で吐く、咳で眠れない、ヒューヒュー、ゼーゼーと苦しそうに息をする、辛そうな呼吸

➡**気管支喘息、喘息、喘息性気管支炎（ウイルスや細菌による気管の感染症）、肺炎**

- ひどい咳が続いて止まらない

➡**気管支喘息、気管支炎、百日咳（細菌の感染により激しい咳が数か月続く病気）など**

- 声がかれる、息を吸いにくい、オットセイの鳴き声のような咳が出る、ケンケンなど変な咳が出る

➡**クループ症候群など喉の風邪や、アレルギー、異物を飲み込んだ場合**

・高い熱が4日も5日も続く、辛そうに呼吸をしている

⬇**肺炎**

コラム

リフレッシュも大切！

僕は万年筆、水上バイク、バンコク、クラシックカーが大好きで、この4つを大切にしています。皆さんの好きは何ですか？子育てには、時に息抜きが大切！趣味や特技を封印した育児オンリーは大変です。思い切ってパートナーにお子さんを任せて、ご自身のリフレッシュに意識を集中してみてください！

咳が出る

ポイント

子どもは年中、鼻水や咳を多少は出しているものです。ただし、咳き込んで吐く、ゼーゼーした呼吸、しんどそうな様子がみられるときには早めの受診を！

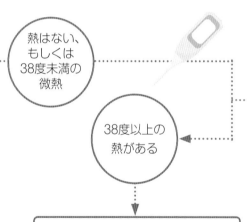

熱はない、もしくは38度未満の微熱

38度以上の熱がある

咳で何度も吐く、咳で眠れない、苦しそうな呼吸、食べない・飲まない（赤ちゃんは、おっぱいやミルクを飲まない）、10回以上吐き続ける、下痢が続く、おしっこが半日出ない（赤ちゃんはオムツが半日乾いている）、顔色が悪い

いつもと様子が変わらない（機嫌が良い・おっぱいやミルクを飲む・食欲がある・顔色が良い）、透明な鼻水が出る、喉が痛い

→ 翌日～数日のうちにかかりつけの病院を受診

咳き込んで吐く、ヒューヒュー、ゼーゼーと苦しそうな呼吸、吐いた、下痢をする、黄色い鼻水が出る、耳を痛がる

→ 当日または、できるだけ早くかかりつけの病院を受診・電話相談

咳で何度も吐く、咳やゼーゼーで眠れない。小鼻がピクピクする呼吸・お腹がペコペコする呼吸、顔色が悪い、爪や唇が紫色になる

食べ物やオモチャを口にしていた、呼吸困難、顔色が悪い、爪や唇が紫色になる

→ 大至急病院を受診
救急車を呼ぶ！

→ 大至急病院を受診
救急車を呼ぶ！

チャートはあくまでも目安です。症状は子ども一人ひとりで異なるため、受診するべきか判断に迷った場合は、電話やオンライン医療相談システムなどで医療機関へ問い合わせましょう。

3章

吐いた！
下痢しちゃった！
どうしたらいいの？

嘔吐や下痢をするのはどうして？

急に目を見開いたかと思ったら、子どもがゲボッと吐いた！ ほんの一瞬の出来事で、ママやパパは焦りますよね。そんな経験ありませんか？ 僕も昔、我が子で経験して焦りましたね。

子どもの成長過程で、皆さんが一度は遭遇する症状に、嘔吐があります。赤ちゃんや子どもによく起きる症状ですが、なんの前触れもなく急に吐くので、びっくりしますよね。けいれんと並んで、親が困る子どもの症状の、ベスト3に入るといえるでしょう。

下痢もまた、嘔吐と同じように突然起こります。

ただし、下痢は突然襲ってくる嘔吐に比べると、食中毒などを除き、症状の出方がゆるやかで長引くのが特徴です。

鼻水や咳と同じように嘔吐や下痢も、ウイルスや細菌などの異物を体外へ出そうとする反応で、体を守ろうとして起こります。嘔吐や下痢の症状自体は、決して悪いものではないのです。ですから比較的軽い症状であれば、それ程心配はいりません。

しかし、嘔吐や下痢が重症化すると脱水症状や低血糖を引き起こします。また、熱などの症状をともなう場合には、他の病気の可能性も考えられます。吐くのが止まらない、下痢が続く、熱があるなどの症状がみられるときには、早めに病院を受診してください。

病院を受診する際には、うんちのついたオムツを、ビニール袋で2重にくるんで持って行きましょう。持参されたオムツでそのまま検査ができるため、診断に役立ちます。

ワンポイントアドバイス

嘔吐

吐いたあとの1～2時間は、何も飲まない・食べない

子どもが吐くとママやパパのほとんどが、脱水症状を心配します。「喉が渇いた、何か飲みたい」と言われてかわいそうになり、お子さんに水分をとらせた経験のある方もいるのではないでしょうか。

子どもは大人よりも体の水分量が多く、嘔吐や下痢で簡単に脱水症状を起こします。ただし、1回の嘔吐では、いきなり脱水症状にはなりません。吐いたあと、すぐに水分を与えることだけは控えましょう。脱水症状を避けるためには、子どもが吐いたあとの、適切なタイミングでの水分補給が大切になってきます。

吐いた直後の胃は、何も受けつけられない状態です。お腹の受け入れ態勢が、整っていないのですね。そんな状態の子どもに再び水分をとらせると、吐く↓飲ませる↓吐く……の悪循環となります。ですから、お子さんが吐いたあとは、必ず1～2時間ほど、水分補給や食事を控えるようにしてください（赤ちゃんの場合は、おっぱいやミルクを飲ませないようにします）。しばらく胃を休ませたあとに、少量ずつ水分をとるようにします（水

分の与え方は、後ほどホームケアで詳しく説明します）。

このようにケアされても、お子さんが嘔吐を4、5回繰り返すようであれば、脱水も心配になります。吐くのが止まらない場合は、早めに小児科を受診してください。

下痢

下痢が治るまでには時間がかかります

下痢は、数日から1週間ほど症状が続きます。治りが遅くても、食事は食べられることが多いため、あまり神経質にならずに回復を待つと良いでしょう。ただし、うんちの状態や色は、よく観察しておいてください。

下痢をしているときの腸は傷ついた状態で、食べ物を吸収する力が弱まっています。そのため、症状が止まるまでには少し時間がかかります。下痢を治すには時間がかかって当たり前くらいに考えて、あまり心配せずに、お子さんをケアしてあげてくださいね。

黄色信号の嘔吐と下痢

症状の出た当日か翌日には病院を受診する

吐くのが止まらない（4、5回続く）場合は当日か翌日のうちに、病院を受診してください。下痢が続く場合も、何日も様子をみずに一度は小児科へ行きましょう。

ときには入院が必要となるこれらの症状、特に嘔吐を放置すると、脱水症状や低血糖となり、点滴を打たないと回復しません。お子さんの症状が続くようなら、できるだけ早めに病院を受診しましょう。

すぐに病院へ行けないときのホームケア

嘔吐

水分補給は少量から！　時間を空けてから、こまめに水分を与えるのがコツ

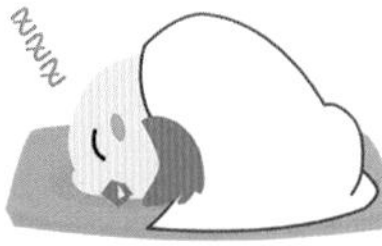

子どもが吐いたときには1～2時間ほど飲食を中止し、そのあと少しずつ水分をとるよ

うにします。500mlのペットボトル1本分くらいの水分を一度に飲ませてしまうと、子どもは、また吐いてしまいます。お子さんが水分を欲しがっても、ここは我慢です。

水分補給の方法

①ペットボトルのキャップ1杯分＝5mlを1回の量として、子どもに水分を飲ませます。いわゆる「おちょこ一杯」ってやつです。

②最初の1杯を飲ませて吐かなければ、その5分後に2杯目を与えます。

③2杯目を飲ませても大丈夫なようならば、5分後に3杯目を与えます。このように、こまめに回数を分けて、与える水分の量を増やしていきます。

赤ちゃんの場合も、吐いたあとには1～2時間ほど、おっぱいやミルクを飲ませないようにします。その後、おっぱいは吸わせる時間を短く、ミルクは量を控えめにして、こまめに回数を分けて調節しながら、おっぱいやミルクをあげます。

1章でもお話ししたように、水分補給にはお茶や水ではなく糖分や塩分を補給できる、経口補水液やイオン飲料、ジュース（オレンジなど柑橘系のジュースは吐き気がするので避ける）がいいでしょう。赤ちゃんは、おっぱいかミルクでかまいませんよ。

下痢

脂っこい食べ物を避けて、腹6分目の食事を心がける

下痢の続く間は子どもの食欲に合わせて、なるべく消化の良い食べ物を与えます。おかゆや、うどん、食パンなど柔らかいものが好ましいですが、本人の口に合わないようなら、無理に食べさせることはありません。カップラーメン、唐揚げ、ポテトのような脂っこい食べ物を避けてもらえれば、お子さんの好きなものを食べさせてください（赤ちゃんには、おっぱいやミルクを飲ませます）。

熱のあるときと同様に、体が弱っているときは栄養バランスよりも、カロリーを補うための食事を優先しましょう。子どもの欲しがるものを少量から食べさせるようにして、様子をみながら、腹4分目、腹6分目と食事の量を増やしていきます。

お尻のケアも大事です

下痢を繰り返しているうちに赤ちゃんのお尻の皮膚が、うんちや、おしり拭きの刺激

で荒れてしまうことがあります。赤ちゃんのお尻が赤くなったら清潔に保ち、まずはステロイドを含まないクリームでお肌を保護してあげましょう。小児科では、よく白色の亜鉛華軟膏（あえんかなんこう）を処方しています。

オムツ替えの度に、皮膚の赤みが隠れてお尻が真っ白になる量を目安に、クリームを塗りなおしてあげると良いでしょう。お尻の痛みやかゆみが和らいで、赤ちゃんが快適に過ごせます。ちなみにステロイドのお薬は、あくまでも最終手段です。赤ちゃんには、ステロイドが配合されていないクリームを塗ってあげてくださいね。最初から強いお薬は、使わない方がいいですよ。

嘔吐や下痢をしたときの後始末

家族への二次感染を防ぐために、汚物の保管や部屋の掃除・消毒も忘れないようにしましょう。皆さんもご存じのように、嘔吐物や下痢のうんちには、大量のウイルスや細菌が含まれています。

汚物の管理をいい加減にしたり、洋服や床についた汚れを放置したりすると、他の家族に必ずと言ってよいほどうつります。

胃腸炎の子どもの世話をしているうちに大人もうつってしまい、一家全員で寝込んでしまった。そんな話もよく聞きますよね。ご家族全滅を避けるためにも、嘔吐や下痢の後始末は慎重に行いましょう。

下痢で汚れたオムツは、ビニール袋を2重にして捨てます。洋服の場合は汚れを拭き取り、沸騰したお湯をかけたあとに、次亜塩素酸水に約10分漬け置きし、その後洗濯機で洗います。壁や床は、次亜塩素酸水で拭きます。

皆さんの想像以上に、汚物は広く飛び散ります。吐いたものや下痢で汚れた場所の周りの、壁、ドアノブ、手すり、トイレまわり、おもちゃ……言い出したらキリがないですが、周囲1～2メートルの範囲を掃除し、そのあとの手洗いをしっかりしましょう。

赤信号の嘔吐と下痢
すぐに病院を受診

嘔吐や下痢の他に、次のチェックリストの症状をともなう場合には、重症である可能性があります。すぐに小児科を受診するか、場合によっては迷わず救急車を呼びましょう。

Check!

こんな症状は危ない

・水分をとっていないのに嘔吐が10回以上続き、ぐったりしている
・イチゴジャムのような血の混じったうんちや、黒いうんちの下痢をしている
（※うんちのついたオムツはビニール袋で2重にして病院へ持っていきましょう）
・子どもの様子がいつもと違う
（例：声をかけても反応が鈍い、ぐったりしている　など）

嘔吐や下痢と、その他の症状でわかる赤信号の病気

嘔吐や下痢と、その他にみられる症状を組み合わせると、一定のパターンに分けられます。このパターンは病気によって異なるため、知っておくと病気の見当がつきます。

たとえば、嘔吐や下痢以外に、熱があり、おしっこが出ない場合は、

例：嘔吐・下痢　＋　熱　＋　おしっこが出ない　＝　急性胃腸炎による脱水の疑いがあります。

続いては、嘔吐や下痢が関係する赤信号の病気をご紹介します。

なお、症状に当てはまる病気が複数ある場合には、そのどれかの病気である可能性が高いことを表しています。症状の現れ方には個人差があるため、あくまでも目安として、お読みください。

・哺乳やミルクを飲む度に、口や鼻から噴水のように、おっぱいやミルクを吐く

　➡**肥厚性幽門狭窄症**（ひこうせいゆうもんきょうさくしょう）**（生後2、3週間から3か月頃までの赤ちゃんにみられる、胃の幽門部にみられる先天的な病気）**

・嘔吐・下痢　＋　熱がある、おしっこが出ない

　➡**急性胃腸炎（ウイルス感染により起こる、胃腸風邪とも呼ばれる病気）による脱水**

- 突然の不機嫌、5～15分おきに大泣きする、イチゴジャムのような真っ赤なうんちが出る

  ⬇**腸重積（ちょうじゅうせき）（生後3か月から2歳くらいの子どもに多い、腸が腸にめり込む病気）**

- 嘔吐・下痢　＋　お腹の右下あたりに激しい痛みがある、我慢のできないお腹の痛み、熱が出る

  ⬇**虫垂炎（盲腸）**

- 嘔吐・下痢　＋　激しい頭の痛み、熱が出る

  ⬇**髄膜炎・脳炎・脳症（細菌の感染によって起きる脳の病気）**

- 頭を打って嘔吐したあとに意識を失う、苦しそうな呼吸、顔色が悪い

  ⬇**頭部外傷など頭の病気**

コラム

意外と知らない低血糖

子どもが嘔吐や下痢をすると、反射的に「脱水症状」を連想して心配される、ママやパパがいます。最近では熱中症による脱水症状の危険が広く知られているため、それと並んで皆さんが心配されるのは、もっともだと思います。けれども医師からすると、脱水よりも怖い症状があるのです。それは、意識障害の原因となる低血糖です。

子どもの体は大人に比べて、体内のエネルギーになる糖を少量しか蓄えられません。嘔吐や下痢が続いて糖分や塩分が不足すると、とたんに低血糖状態に陥ります。しかし、この事実は、あまり知られていません。

そのため、子どもの様子がいつもと違うと、ママやパパは脱水症状のせいだと勘違いされます。正確には、脱水症状と同時進行で低血糖になり、その結果、子どもに意識障害が起きているのです。

嘔吐や下痢の症状が続くと、低血糖に陥る危険性もあることを、ママやパパは知っておかれるといいでしょう。

ここで、子どもの脱水症状の見分け方についてご紹介しておきます。

子どもの脱水症状は、軽症・中程度・重症に分けられます。詳しくはネットで調べてくださるとわかりますが、クリニックでの治療を必要とされる脱水のほとんどは中程度で、子どもの体に現れるサインは3つあります。

①涙が出ない、②子どもの目がくぼんでいる、③半日おしっこが出ていない（半日オムツが濡れていない）、この3つがサインです。どれかひとつでも当てはまったら、病院を受診してください。

脱水、そして低血糖による入院を避けるためにも、ママやパパはこの3つのサインを見逃さないようにしてくださいね。症状の見分け方などで不安を感じるようなら、受診をする前に、かかりつけの先生のいるクリニックへ電話で相談しましょう。

吐いた

下痢がない

熱はない、もしくは38度未満の微熱

下痢がある

38度以上の熱がある

ポイント

子どもが吐く原因は、たくさんあります。吐き続けると子どもの体にとても負担がかかるため、嘔吐の続く場合は、早めに病院を受診しましょう。

当日または、できるだけ早くかかりつけの病院を受診・電話相談 ← おっぱいやミルクを飲ませる度に口や鼻から飲んだものを噴水のように吐く

大至急病院を受診 救急車を呼ぶ！ ← 急に不機嫌になる、5～15分おきに大泣きする、イチゴジャムのような血の混じったうんち

大至急病院を受診 救急車を呼ぶ！ ← 直前に頭を打った、意識がおかしい、けいれんを起こした

翌日～数日のうちにかかりつけの病院を受診 ← 3、4回吐いた、いつもと様子が変わらない（機嫌が良い・母乳やミルクを飲む・食欲がある・顔色が良い）

大至急病院を受診 救急車を呼ぶ！ ← 激しい頭の痛み、吐いた、泣き止まない・機嫌が悪い、意識がおかしい、ぐったりしている、けいれんを起こした、顔色が悪い

大至急病院を受診 救急車を呼ぶ！ ← 10回以上吐き続ける、下痢が続く、食べない・飲まない（赤ちゃんは、おっぱいやミルクを飲まない）、おしっこが半日出ない（赤ちゃんの場合はオムツが半日乾いている）

チャートはあくまでも目安です。症状は子ども一人ひとりで異なるため、受診するべきか判断に迷った場合は、電話やオンライン医療相談システムなどで医療機関へ問い合わせましょう。

4 章

お腹の悩み！
どうしたらいいの？

お腹の痛みの原因はわかりづらい

人間の体で一番臓器の多い場所は、お腹になります。ざっと挙げると、肝臓、胆のう、膵臓、小腸・大腸、尿管……、まだまだ続いて、これらに女の子なら卵巣・子宮、男の子なら、おちんちんも加わります。臓器を数えてみると、その多さに驚かれるのではないでしょうか。

お腹には臓器がひしめいているため、それぞれの臓器で病気が起こり、痛みの発生箇所や病気の特定はなかなか大変です。お腹の部位は胸の下から下腹部までと広いため、どうしても診断が難しくなるからです。

お腹の痛みは、熱・鼻水・咳・嘔吐・下痢などとは違い、症状が体の外側には現れません。痛みを訴えるのは子ども本人なので、医師であっても正確に症状を把握するのは困難といえます。子どもが泣き叫んで痛がるから症状が重い、あまり痛がらないから軽い病気とは限らないのです。

言葉を話せない赤ちゃんはもちろん、ほとんどのお子さんは触診をしても痛むところを言えない、わかっていない子も多く、お腹の痛む個所を正確に大人へ伝えられません。「痛かったら教えてね」とお腹をあちこち押しながら、僕がわざと最後に胸を押さえると、返事をする子もいます。しかし、場所は違っても、子ども自身は、お腹が痛いんですよね。

この他、激しい咳き込みなどが原因で、子どもがお腹の痛みを訴える場合もあります。

子どもは痛みを具体的に伝えられないし、ママやパパ、僕たち医師であっても、お腹の痛む部位・症状の重症度をキャッチしにくいのです。

ただの胃腸炎だと思っていたら虫垂炎（盲腸）だったなど、予想外の事態に発展する怖さがあります。ですから、症状によっては超音波やCTでの検査が必要になります。

このようにお腹の痛みは判断しづらく、侮ってはいけません。

毎日、うんちが出ても便秘になります

お腹の痛みで、一番多いのは便通障害、いわゆる便秘を含めた「ふんづまり」です。便秘は2013年に日本小児栄養消化器肝臓学会で「便が滞っている、または便が出にくい状態」と定義され、生後3か月までの赤ちゃんでは、4、5日うんちが出なければ便秘とみなします。それ以上の年齢の子どもでは個人差もあるため、排便回数や日数での基準はありません。うんちが全く出ない状態だけではなく、少しずつ、うんちの出る便通障害、「ふんづまり」も便秘に含まれています。一般的な便秘のイメージとの違いに、驚かれるかもしれませんね。

当クリニックでも「うちの子は毎日うんちが出ているから便秘じゃありません」とお母さんが主張されて、実際には便秘だったケースもあります。お腹を触るとカチカチで、うんちが溜まっているとしか考えられない子に浣腸をすると、お腹の痛みが解消することも多いです。長時間トイレで排便しようと力んだり、うんちが何日間も出なかったりする症状だけが便秘ではないのですね。

皆さんとここで、簡単な算数をしてみたいと思います。

食事をしたあとに、うんちが10作られると仮定します。排便して3出すと、うんちは腸内に7残ります。そこへ新しく10のうんちが加わると、腸内のうんちは、合計17になります。

もう一度排便すると3減りますが、うんちの総量は14になります。食事と排便を続けていると、うんちは増える一方で、どこかで腸の許容範囲を超えたお腹はパンクします（痛みが出る）。便秘になる仕組みをわかってもらえたでしょうか。

排便の回数だけに注目していると、子どもの便秘に気づけません。ママやパパは普段からお子さんのお腹を触って、お腹の柔らかい状態と、張っている状態の区別がつくようにしておいてくださいね。

ワンポイントアドバイス

子どもの腹痛の7割はうんちによるトラブル

先ほど説明した通り、子どものお腹が痛くなる原因の7割は、排便がスムーズにできないために起こるトラブル、いわゆる便秘が大半です。

一方でお腹の痛みには、すぐに治療を開始しないと怖い病気が3割あります。虫垂炎(盲腸)や後ほどコラムで触れる腸重積になると、のんびりした対応をしていられません。ママやパパは、お腹の痛みの他にも、熱や、うんちに血が混じっていないかなど、お子さんの様子を注意深く観察してください。

急いで治療しなければいけない3割のお腹の痛みを、ママやパパが見分けるのは、かなり難しいでしょう。たぶん便秘だろうと思われても、かかりつけの病院を受診されることをお勧めします。

黄色信号の腹痛

3、4日様子をみて症状が続くようなら病院を受診

おっぱいやミルクだけの赤ちゃんのうんちは、水分を含んだ柔らかめのうんち（軟便）です。もし硬めのうんちが出たら、便秘かもしれません。

幼児、小学生以上の子どもは、うんちをする度に泣き叫ぶ、トイレに入っている時間が長いなどの様子で便秘を判断します。

いずれの場合も同じ症状が続くようであれば、病院を受診しましょう。

すぐに病院へ行けないときのホームケア

子どものお腹の痛みは、ママやパパが症状を察するか、本人の訴えを聞くしかないため、痛みの強さや痛む部位がわかりづらく、これといった対処法はありません。ケアするとしたら、優しく痛むところをさすったり、温めてあげたりするくらいでしょうか。

症状の軽いお腹の痛みであれば、自宅のケアでも治ります。食べすぎ・飲みすぎによる痛みは、しばらく飲食を控えて腸を休ませると回復します。

お子さんが明らかに便秘であるようなら、おへそを中心に平仮名の「の」を書くように、お腹のマッサージをしたり、市販の浣腸をしたりするのもいいでしょう。ただし、浣腸を嫌がって子どもが暴れまわるようであれば、病院での浣腸をお勧めします。

赤ちゃんの場合は、お腹の「の」の字マッサージと綿棒浣腸（オイルをつけた綿棒で肛門を開くように触ってあげる）をするのもいいでしょう。

お腹の病気は痛む部位で判断する

お腹の病気は、痛みが生じている臓器によって病名が絞られます。

ここでは、お腹を7か所に分けたイラストをご紹介します。お腹の痛みは症状と一緒に痛む部位の確認をしておくと、病気の目安になります。

しかし、子どもの場合は何度も言うように、痛みの場所を突き止めるのは難しいです。小学校中学年以上の子どもなら、本人の訴えにもとづいて病名を予想できますが、それ以外の年齢では、医師や保護者が判断するしかありません。

お腹の痛い場所と主な病気

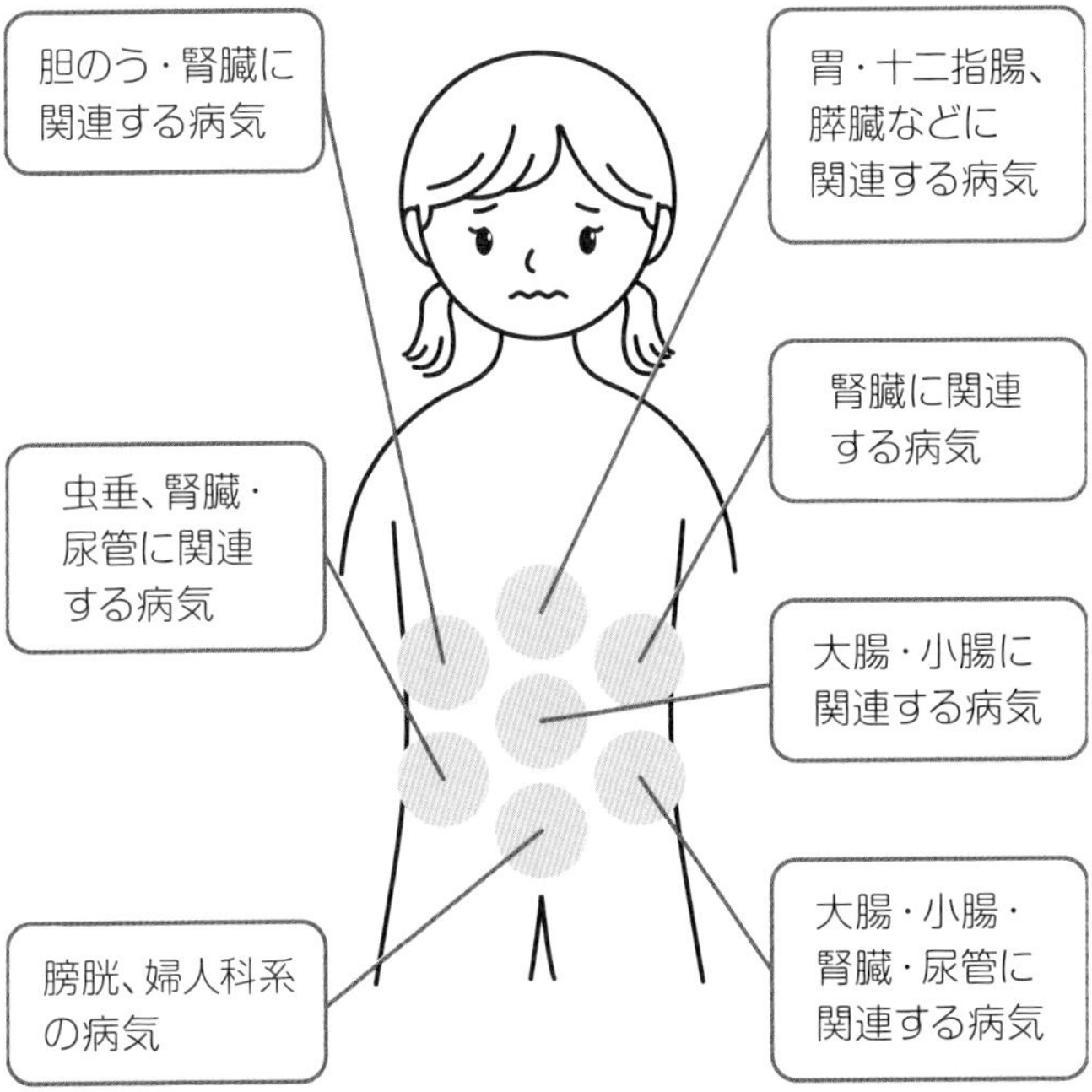

※あくまでも目安です。
特に子どもでは個人差があります。

赤信号の腹痛
すぐに病院を受診

お腹の痛みの他にも、次のチェックリストの症状をともなう場合には、治療を急ぐ必要があります。すぐに救急車を呼んで、病院を受診しましょう。

こんな症状は危ない

- お腹がカチカチに張っている
- 激しい痛みで子どもが身体を折り曲げるように泣く
- 我慢できない強い痛みに苦しんでいる
（※痛みには個人差があるため、便秘の可能性も考えられます）
- 子どもの顔色がかなり悪い
- 子どもが動かない、ぐったりしている
- イチゴジャムのような血の混じった、うんちが出る

お腹の痛みと、その他の症状でわかる赤信号の病気

お腹の痛みは、便秘とその他の病気に分けられます。お腹の痛みの強さや、痛みと一緒に現れる他の症状との組み合わせを知っておくと、病気の見当がつきます。

たとえば、お腹の痛みの他にも、背中の痛みがある、おしっこに血の混じる症状がみられる場合は、

例：お腹の痛み ＋ 背中の痛み ＋ おしっこに血が混じる ＝ 尿路結石（まれに）

と考えることができます。もちろん必ずしも正解ではなく、「疑う」ことができるということです。続いては、お腹の痛みと、それにともなう他の症状が出る赤信号の病気をご紹介します。なお、症状に当てはまる病気が複数ある場合には、そのどれかの病気である可能性が高いことを表しています。症状の現れるパターンには個人差があるため、あくまでも目安として、ご活用ください。

・お腹の痛み　＋　触るとお腹がカチカチに張っている
⬇腹膜炎、腸閉塞

・お腹の右下あたりに激しい痛みがある、我慢のできないお腹の痛み、ケンケンができない、熱が出る、嘔吐や下痢
⬇虫垂炎（盲腸）

・突然の不機嫌、5〜15分おきに大泣きする、イチゴジャムのような真っ赤で血の混じったうんちが出る、子どもがぐったりしている
⬇腸重積

・お腹の痛み　＋　子どもがぐったりしている
⬇重度の胃腸炎

・お腹の痛み　＋　吐き続けている

↓自家中毒症・ケトン血性嘔吐症

・強いお腹の痛み、足に内出血による紫色のブツブツが出る、関節が痛む、血の混じったうんちが出る

↓IgA血管炎（アレルギー性紫斑病）

・お腹の痛み　＋　背中の痛み　＋　おしっこに血が混じる

↓尿路結石（まれに）

コラム

意外と知らない「腸重積（ちょうじゅうせき）」

皆さん、腸重積という病気を知っていますか。

生後3か月前後の赤ちゃんから2歳ぐらいの子どもに起こる腸の病気で、乳幼児を持つママやパパには、知っておいてもらいたい病気のひとつです。医師にとっては、子どものお腹の病気では、盲腸よりも恐ろしい病気でもあります。けれども、保護者の間での認知度は今ひとつのようです。

先日も「お母さん、お子さん腸重積かもしれへん」と病名を伝えると、「盲腸なら知ってるけれど、何の病気ですか?」と、逆に質問を返されました。

腸重積は、腸が腸にめり込む病気です。この状態を想像するだけでも、子どもの体内で異常事態が発生しているとわかりますよね。

何とも不思議な病気ですが、腸重積になる原因は不明とされています。

症状の特徴には、激しいお腹の痛みと、オムツが真っ赤になるほどの、粘りのあるイチゴジャムのような血の混じった、うんちがあります。ただの下痢とは明らかに違う色のうんちが、胃腸炎と区別するポイントです。ぜひご自分で画像を調べて、内容をご確認いただければと思います。

と言うのも、この病気は治療が遅れると、子どもの身体に深刻なダメージを与えるため、何よりも早期発見が大切だからです。

腸重積の治療には、薬剤を肛門から腸内に注入する高圧浣腸と、外科手術の2種類の方法があります。発症から24時間以内に治療を開始できれば、腸に圧力をかけて食い込んでいる腸を押し戻すだけで、8割の腸重積は治ります。

しかし、発見が遅れて24時間を超えると、手術をしなければ回復は見込めません。腸の組織に血の流れない状態が長時間続いた場合には、やむをえず腸を切り取らなければならない場合もあります。

お腹の痛む病気には、便秘のようなありふれたもの以外に、こんな病気もあることを、ママやパパには知っておいてほしいと思います。

腸重積ってなに？

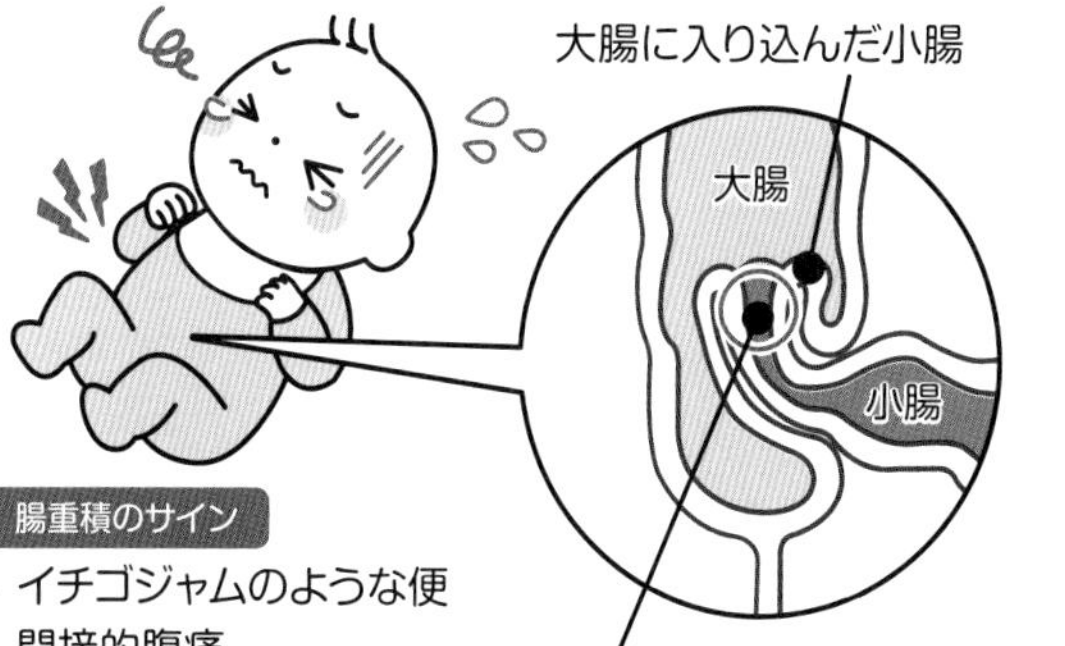

腸重積のサイン
- イチゴジャムのような便
- 間接的腹痛
- 嘔吐

わ～い

5章

お肌の悩み！
どうしたらいいの？

ブツブツになるのはどうして?

赤ちゃんの頬に赤く広がる湿疹、気になりませんか?

皮膚の発疹（以下、ブツブツ）は、新生児の頃から出始めます。いつのまにか子どもの肌に出ているので、ママやパパには風邪よりも身近な病気かもしれません。

どうして子どもの体には、よくブツブツができるのでしょうか。それには、子どもの肌の性質が関係しています。

赤ちゃんや幼児の皮膚の厚みは大人の半分程度で、肌の表面にある角質層の、「保湿機能」と「バリア機能」が未発達です。うるおいを保てずにカサカサになりやすく、少しの刺激でも角質層のバリアは簡単に壊れてしまいます。

いろいろな物質への免疫（耐性）も育っていないため、汗、ミルク、食べこぼし、花粉、ハウスダストなどに触れるだけでも反応します。だから、大人よりも肌がブツブツになりやすいのです。

もうひとつ考えられる原因は、ウイルスや細菌の体への侵入です。

子どもがウイルスや細菌に感染すると、全身にブツブツが出ます。代表的な病気は、麻疹（はしか）・水ぼうそう・突発性発疹などで、これらウイルス性の病気では、ブツブツと合わせて、熱や鼻水、咳といった風邪の症状もあるのが特徴です。

また、食物アレルギーなどが原因でも、ブツブツやじんましんが出ます。

ブツブツが出る主な原因は、子どもの肌質と、ウイルスなどの感染によるものですが、中には原因のわからないブツブツも多くあります。

皮膚トラブルは複数の要因が重なって起こるケースも多いため、僕たち医師は原因の特定にはこだわらず、ブツブツの症状に合わせた治療を優先しています。

皆さんが病院を受診して、お子さんの症状に、はっきりと病名を告げられなかったときには、軽いブツブツだと思っておいてくださいね。

子どもの肌トラブルも小児科医にお任せ

「こんなところに赤いブツブツが！」赤ちゃんの身体にブツブツを発見すると、焦りますよね。「もしかしてウチの子、アトピーかも……」と不安にかられて、皮膚科へ駆け込んだことのある方も少なくないでしょう。

向かった病院で「アトピーではないですね」と診断されて、ほっとして帰宅したものの、しばらくすると熱も出て、今度は小児科へ……。

お母さんから、いくつも病院をまわった話を聞く度に、小児科を先に受診してくれたら良かったのにと思います。

小児科は、子どもの病気なら何でもＯＫの、総合窓口です。

夏になると増えるあせもや、風邪から起こる中耳炎なども、小児科の診療範囲なのです。

子どもの場合は、数日経ってからブツブツ以外の症状が現れる場合も珍しくありません。まずは小児科へ相談されることをお勧めします。

ワンポイントアドバイス

気になったときが病院を受診するタイミング

ブツブツが出たけれど子どもは元気に遊んでいる。このまま放っておいても大丈夫？　いつになったら病院へ行けばよいのか、迷われるママやパパもいるかもしれません。そのような場合は、お母さんが気になられたタイミングで病院を受診すればよいでしょう。

呼吸困難を起こすアナフィラキシー・ショック（2か所以上の臓器にアレルギー症状が現れる）のような症状は別として、ほとんどのブツブツは、急いで病院へ行かなくても問題ありません。

黄色信号のブツブツ

2、3日様子をみて症状が続くようなら病院を受診

子どもの肌トラブルは、数日経つと自然に治ることもあります。ブツブツだけなら、慌てる必要はありません。

ブツブツの他に、子どもの機嫌が悪い、熱がある、下痢が続くなどの症状がある場合には感染症にかかっているかもしれません。自宅で2、3日様子をみたら、早めに病院を受診してください。

感染症が流行しているかも！

保育園、幼稚園の状況を定期的にチェックする

水ぼうそうや、とびひは、保育園・幼稚園・小学校のような子どもが集まる場所で発生します。知らぬ間に他の子から病気がうつる、あるいは自分の子が病気をうつしてしまうこともありますよね。１人でも感染すると、これらの病気はみるみるクラス全体へ広がります。

お子さんの通っている園や学校で、いま何の病気が流行っているのかを知っておくと感染防止になります。それとなく先生に尋ねるか、同級生のお母さんから情報収集をしておくと良いでしょう。前もって情報を仕入れておけば、親子で落ち着いた対応ができます。

すぐに病院へ行けないときのホームケア

子どもの肌にブツブツが出ても、病院へ行けないこともありますよね。そんなときは、自宅に市販薬があると助かります。かゆみ止め、保湿クリーム、日焼け止め、これら3つを効能別に常備しておくと良いでしょう。

① かゆみ止め（飲み薬）

かゆみ止めは、子どものいる家庭では必需品です。ブツブツをかゆがる子どもに、かくのを我慢させるのはかわいそうですし、かゆいと子どもにストレスが溜まります。ひとつ持っておかれると、かきむしりや、かゆみが原因の不眠を避けられます。

ご自宅にある保冷剤でかゆいところを冷やすと、かゆみを和らげられます。薬と併せてお試しください。

② 保湿クリーム

保湿クリームは、肌のバリア層を保護して皮膚のうるおいを保ち、外側の刺激から起こるブツブツを防いでくれます。子どもの肌はカサカサになりやすいので、こちらも揃えておきましょう。

余談になりますが、最近では市販の保湿クリームにも、ステロイド配合の製品が登場しています。ステロイドの気になる方は、パッケージに記載されている成分を確かめてから購入してください。

③ 日焼け止め

日焼け止めは、なるべく通年で取り入れたいアイテムです。紫外線から子どもの身体を守るために、特に夏の間は子どもに塗ってあげましょう。

子どもの肌は刺激に弱く、デリケートです。ハウスダスト、洋服や肌に付着した花粉やホコリ、自分の汗やよだれにも敏感に反応します。ママやパパは、部屋にホコリを溜めないように心がけ、外出時や汗をかいたときには、お子さんの体をお風呂やシャワーで洗い流し、肌を快適な状態に保ってあげましょう。

赤信号のブツブツ
すぐに病院を受診

ブツブツの他に、次のチェックリストにある症状をともなう場合には、できるだけ早く病院を受診してください。特に食べた直後にブツブツが現れ、苦しそうな呼吸や、お腹の痛みや嘔吐がみられる場合には、食物アレルギーのアナフィラキシー・ショックが起きている可能性があります。命にかかわる危険があるため、すぐに救急車を呼びましょう。

Check!

こんな症状は危ない

- ひどい咳が出る、息苦しそうにする、嘔吐、かゆみの強いじんましんが広がる、ぐったりとしている
- 食事や薬を飲んだ直後にブツブツが出た

・内出血による紫色のブツブツが出た
・熱や嘔吐・下痢の症状がみられる
・子どもが動かない、ぐったりしている
・子どもの機嫌が悪い、あやしても泣き止まない
・かゆみが強くて夜も眠れない

ブツブツと、その他の症状でわかる黄色信号・赤信号の病気

ブツブツは主に肌のトラブルによる病気と、その他の病気に分けられます。ブツブツの状態や、一緒にみられる他の症状との組み合わせを知っておくと、病気の見当がつきます。

たとえば、水を持ったブツブツ以外に、熱が出て風邪に似た症状のみられる場合には、

例：水を持ったブツブツ　＋　熱が出る　＝　水ぼうそう

と考えることができます。もちろん必ずしも正解ではなく、「疑う」ことができるということです。

続いては、ブツブツの出る病気と、それにともなう他の症状が出る病気をご紹介します。なお、症状に当てはまる病気が複数ある場合には、そのどれかの病気である可能性が高いことを表しています。症状の現れるパターンには個人差があるため、あくまでも目安として、お読みください。

黄色信号の病気

・生後2、3週間くらいから、赤ちゃんの顔を中心に現れるブツブツ

⬇ **乳児湿疹（肌のバリア機能が未熟な赤ちゃんによくみられる）**

・異物と接触したり、汗をかいたりしたときに、皮膚が赤くなりブツブツが出る

⬇ **かぶれ、あせも**

・肌のバリア機能の低下などにより、かゆみの強いブツブツが慢性的に出る、肌がカサカサに乾燥する

➡**アトピー性皮膚炎**

・顔や全身に盛り上がった、かゆみのあるブツブツが出る、皮膚が腫れている

➡**じんましん**

・頬に赤いブツブツが出る（熱はほとんど出ない）

➡**リンゴ病**

・肌の柔らかいところに水を持ったブツブツが出る

➡**水いぼ（完治までに数か月から数年を要するウイルスに感染して起きる病気）**

・オムツにあたる皮膚が赤くなる

➡**オムツかぶれ、カンジダ性皮膚炎（便の中にいるカビのカンジダ菌が皮膚と接**

触すると発症する、オムツかぶれと似た病気）

- かきむしった傷跡から汁が出て、日数が経つにつれてブツブツが全身に広がる
  ↓**とびひ**
- 熱が上がり、水を持ったブツブツが急速に全身に広がる
  ↓**水ぼうそう**
- 口内炎や手のひら・足のうら、お尻に痛みのある米粒大のブツブツができる
  ↓**手足口病**
- 高い熱がいったん下がったかと思うと再び上がり（風邪に似た症状）、全身に赤いブツブツが広がる
  ↓**麻疹（はしか）**

赤信号の病気

・ひどい咳が出る、息苦しそうにする、嘔吐、かゆみの強いじんましんが広がる、ぐったりとしている

➡アナフィラキシー・ショック（激しいアレルギー症状の一種で、急性の食物アレルギーや、ハチに刺されて起きる危険な症状）

・飲食をしたり、薬を飲んだりした直後にブツブツが現れる

➡食物アレルギー、薬剤アレルギー

・熱が4、5日続き、目や唇が真っ赤になる、首のリンパが腫れる

➡川崎病（ウイルスや細菌の感染により、全身の血管に炎症の起きる病気）

・足に内出血による紫色のブツブツが出る、関節が痛む、強いお腹の痛み、血の混じったうんちが出る

コラム

ステロイド恐怖症になっていませんか

使うか、使わないか。ママやパパの悩む薬が、アトピー性皮膚炎の治療には外せない外用薬のステロイドです。

ある調査で1歳未満のアトピー性皮膚炎の子どもの保護者169人にステロイド薬の使用についてアンケートをとると、過半数のママやパパの意見は「できるだけ使いたくない」でした。ほとんどの方が、ステロイドの使用には慎重派だったのです。この結果には、お母さん達の根強いステロイドへの偏見と、知識不足が関係しています。

ステロイドには、飲み薬と塗り薬、2種類の薬があります。飲むステロイド薬は、骨がもろくなる、副腎に悪影響を及ぼすなどの報告があり、毎日何錠も飲み

続けるのは、僕でもちょっと遠慮したい薬です。一方で皮膚に塗るステロイド外用薬は、体内への吸収率はそれほど高くありません。使用期間を守って適量を塗る分には、副作用を心配しなくてもいい薬です。

皆さん、2つのステロイドをごっちゃにしていませんか。

皮膚の炎症を火事にたとえるなら、ステロイド外用薬は現場で消火活動を行う、消防士の役目を果たします。ハーブティーやサプリメントなどの民間療法で、アトピー性皮膚炎に立ち向かうママやパパもいます。けれども、その方法では鎮火には時間がかかるでしょう。

ステロイド外用薬は、世界中でアトピー性皮膚炎の治療薬として使われており、安全性が確立しています。ステロイドの強さで薬のランクが分かれ、症状に適切なものが処方されます。ステロイド外用薬には保湿剤や他の成分も配合されているため、実際には全成分中のわずか数パーセントしかステロイドは入っていません。ですから、そこまで神経質に使用を控えなくてもいい薬なのです。

肌にブツブツがあると、子どもはかゆくて我慢できずに、かきますよね。する

と皮膚は傷つき、血がにじんで、かさぶたに覆われます。

ここで触らなければ治るのに、薬の効果が弱いと、子どもはブツブツをかいてしまいます。そうすると、患部をかきむしる→血が出る→かさぶたになる→かさぶたを剥がす→かきむしるが繰り返され、皮膚の表面はでこぼこに盛り上がります。

この状態になると皮膚組織にまでダメージが及び、肌が元に戻らないこともあります。ステロイドの副作用を避けるために使った薬でブツブツが治るどころか、もっとダメージを受ける場合さえあるのです。

アトピー性皮膚炎に限らず、かぶれや普通のブツブツであっても、かゆみ止めと保湿剤だけを配合したクリームでは治らず、症状が悪化するケースがあります。それもあって僕は必要だと判断した場合には、「とりあえず短期間で治しましょう」と、ステロイド入りのクリームをお母さんへお勧めしています。

ブツブツが出た

ブツブツをともなう子どもの病気は、たくさんあります。受診を急がなければいけないブツブツが、何であるのかを理解しておくことが大切です。

ポイント

熱はない

38度以上の熱がある

高い熱が続き、目や唇が真っ赤になる、首のリンパが腫れる、全身にブツブツが広がる

吐いた、下痢をした

数日様子をみて気になる場合は、かかりつけの病院を受診 ◀ いつもと様子が変わらない（機嫌が良い・おっぱいやミルクを飲む・食欲がある）、弱いかゆみがある

翌日〜数日のうちにかかりつけの病院を受診 ◀ 強いかゆみが続く、皮膚が腫れている、全身に水泡が広がる、手足の発疹、口内炎、下痢

当日または、できるだけ早くかかりつけの病院を受診・電話相談 ◀ 食べ物を食べたあとや・薬を飲んだ後にブツブツが出る / 内出血による紫色の発疹、血の混じったうんち、強いお腹の痛み、関節の痛み

大至急病院を受診
救急車を呼ぶ！ ◀ 食べ物を食べた直後や虫に刺された直後に呼吸困難になる、咳が続く、苦しそうな呼吸、ぐったりする、吐いた（アナフィラキシー・ショック）

翌日〜数日のうちにかかりつけの病院を受診 ◀

当日または、できるだけ早くかかりつけの病院を受診・電話相談 ◀

チャートはあくまでも目安です。症状は子ども一人ひとりで異なるため、受診するべきか判断に迷った場合は、電話やオンライン医療相談システムなどで医療機関へ問い合わせましょう。

6章

けいれんが起きた！どうしたらいいの？

けいれんが起きるのはどうして？

突然子どもを襲う、けいれん。皆さんは、ご経験ありますか。いきなり症状が現れるため、パニックを起こしそうになりますよね。親子で怖い思いをされた方もいるでしょう。とはいえ、子どものけいれんは、決して珍しい症状ではありません。特にけいれんの大部分を占める熱性けいれんは、およそ20人から30人に1人の割合で、子どもに起こるとされています。けいれんは特別ではない病気なのです。

けいれんを起こすと、体全体の筋肉を自分でコントロールできなくなります。全身に指令を出す脳が制御不能になって、手足が勝手に動く、突っ張る、意識を失う、口から泡を吹く、よだれを垂らすなどの症状がみられます。

わかりやすくパソコンでたとえるなら、操作をしているうちに画面が動かなくなり、シャットダウンしてしまう状態でしょうか。そして、パソコンの電源を入れ直すと再起動するように、脳もしばらくすると正常な機能を取り戻し、けいれんは治まります。

けいれんの発症には、脳の中枢神経が大きく関係するといわれています。しかし、確かな原因は未だにわかっていません。けいれんは防ぎようがなく、いつ自分の子どもに起きてもおかしくない病気です。皆さんも他人事とは思わずに、最低限のけいれんの知識を身につけて、いざというときに慌てないようにしてください。

「慌てずに様子をみましょう」では手遅れになることも

けいれんには、熱のある熱性けいれん・熱のない無熱性けいれん・てんかん・泣き入り（泣きすぎて低酸素状態になる）があります。無熱性のけいれんと、てんかんについては脳神経の専門家に任せ、ここでは主に熱性けいれんについて触れていきます。

参考：熱性けいれん　生後6か月 - 60か月（5歳）の子どもに起きる。1歳から3歳が発症のピークで、発熱にともなってけいれんを起こす。後遺症が残らないけいれんで、子どものけいれんの9割を占める。

子どものけいれんの多くは、風邪などで熱が上がるときに起こる熱性けいれんです。通常5分以内で発作は止まり、意識を失くしても脳に後遺症が残らないのが特徴です。脳の一過性の反応で、激しい症状は出るものの、それほど怖い病気ではありません。そのため多くの医療機関では、「慌てずに子どもの様子をみましょう」と保護者へ呼びかけています。

熱性けいれんだけに限定するなら、この対処法は正しいでしょう。ただし、当クリニックでは「お子さんがけいれんを起こしたら、すぐに救急車を呼んだほうがええで」と、ママやパパへお伝えしています。なぜかと言うと、子どものけいれんの全てが、熱性けいれんとは限らないからです。

熱性けいれんと診断されたけれど、実は髄膜炎だった。けいれんが収まったと思って翌日病院を受診したら、長時間けいれんの続く、けいれん重積を起こしていた。そんなケースもあるのです。たとえば、子どもが昼間に熱性けいれんを起こしたとします。その場合は、数分後には「ママー、お腹空いた」と子どもが言ったり、赤ちゃんなら笑いかけたり、何か反応が返ってきます。しかし、夜にけいれんが起きると、意識が戻らずにけいれんを繰り返している状態と、けいれんが止まって寝ている状態との違いを、判断するのは難しいと思います。

熱性けいれんと診断される症状には、脳の感染症や、けいれん重積といった病気が隠れていることもあります。もし「何だかおかしい」「家でけいれんを看るのが心配」と皆さんが感じられたら、不安を放置しないで病院へ急いでください。異常がなくても「良かったね」で終わりますし、そのほうが安心です。

ワンポイントアドバイス

けいれんが起きたらすぐに救急車の手配をする

子どもが自分の目の前で、けいれんを起こしている姿を見続ける5分間は、経験した方はご存じでしょうが、とてつもなく長く感じられます。

カップラーメンにお湯を注いで、完成するまでが大体3、4分くらい。それよりも長い時間になります。医師の僕でも、我が子の熱性けいれんに初めて遭遇したときは動揺しました。ましてや初めてのお子さんを育てているお母さんや、けいれんする子どもを見たことのないママやパパだと、不安でたまらないはずです。どうか皆さん、「こんなことで救急車を頼んでもいいのかしら……」と迷わずに、119番をダイヤルしてくださいね。

電話をかけるタイミングは、けいれんが始まった直後でもかまいません。初めての熱性けいれんに限らず、2回目以降であっても、けいれんの持続時間が5分を超えそうなら、

ためらわずに救急車を呼んでください。

救急車が到着するまでのホームケア

子どもがけいれん発作を起こしたら、多くのママやパパは「○○ちゃん！ ○○ちゃん！」と大声で呼びかけたり、身体を揺さぶってしまいます。僕自身や身内も、うちの子がけいれんを起こしたときには同じ行動をとりました。でも、けいれんの対処法としては、なるべく避けたい行動なんです。音や触感が刺激となって子どもの脳に伝わると、余計にけいれんが長引いてしまいます。

けいれんの対応は、揺すらない、声をかけない、そっとしておく、を心がけましょう。そのうえで必要に応じて、ここに挙げる4つのケアを行います。（とりあえず先に119番へ連絡しましょう）

1 平らな場所で寝かせる。（※高い場所などでけいれんが起きた場合は、転落して頭を打つ危険を避けるために安全な場所に子どもを移動させます）
2 呼吸が楽になるように、首回りの衣類（ボタン）をゆるめる。
3 けいれんが終わると吐くこともあるため、顔を左（横）に向けて吐いた物が鼻や口に入らないようにする。（※真上に顔を向けていると、吐いた物が逆流して窒息する危険があります）
4 けいれんの様子をよく観察する。（視線・手足の動き・顔色・けいれんの持続時間）

祖父母のいるご家庭などでは「舌を噛むと危ないから」と、子どもの口にタオルや割り箸を入れて病院へ来るケースもみられますが、何も口には入れないようにしてください。口に物が入った状態で嘔吐をすると、吐いたもので気道がふさがり、窒息する可能性があります。

けいれんの赤信号

症状が現れたらすぐに病院を受診

このチェックリストにある症状が出ている場合には、できるだけ早く病院を受診してください。命にかかわる危険があるため、すぐに救急車を呼びましょう。

こんな症状は危ない

・5分以上けいれんが続いている
・高い熱があり、けいれんを起こしたあとにぐったりしている
・けいれんがおさまったあとに意識が戻らない
・けいれんがおさまったあとに、またけいれんを起こした（24時間以内）
・けいれんがおさまったあとも、子どもの唇や顔がどす黒い
（※チアノーゼを起こしており危険な状態）

けいれんの様子を説明できるようにしておく

けいれんは持続時間、身体の部位や動き方、嘔吐などの他の症状もみられるかどうかで、重症度や診断が変わってきます。わかる範囲でかまわないので、救急車が到着するまでお子さんの様子を観察して、診察時に説明できるようにしましょう。

病院を受診するときに伝えたいポイント

・けいれんが起きた時刻と持続時間
（例：午前11：00〜11：05に5分間のけいれんが起きた）
※大体このくらいと大雑把な計り方をせずに、時計を確認するなどして、けいれんの始まりと終わりの時刻と持続時間を正確に記録しましょう。

・けいれんの起こりかたと部位
（左右対称、部分的、両手両足、上半身だけ、片手だけけいれんした　など）

・けいれんを言葉で表すとどのような感じか
（例：手足をピーンと突っ張らせた、がくがくした　など）
・眼球の向き（一点を見つめる、右側・左側のどちらかを見つめる）
・けいれん以外の症状のある・なし
（口から泡を吹く、おしっこや、うんちを漏らす、嘔吐　など）
・けいれんを起こす前の子どもの身体の状態（風邪をひいていた、ぐったりしていた　など）

「熱性けいれん」には複雑型と単純型の2種類があり、複雑型の場合では身体の右側だけ、腕だけといった左右非対称に、けいれんが起こります。その他、てんかんの場合も特徴的な動きを示します。最近ではスマートフォンで、動画を撮影するお母さんもいますね。自分に合った方法で記録を取られると、治療の助けになり、ありがたいです。

けいれんは血液検査を受けたほうがいい

子どものけいれんの9割を占める熱性けいれんでは、熱の出始めた1日目に、けいれん発作が多く起こります。一方で脳炎・髄膜炎、脳症では、発熱から数日経ってから症状が出ることが一般的です。後遺症のない熱性けいれんと、発見が遅れると深刻な後遺症の残る脳の感染症によるものでは、けいれんの出方が違います。

けれども、どんな病気にも言えますが、必ず例外はあります。パターン通りに症状が現れるとは限らないのです。ただの熱性けいれんなのか、それとも恐ろしい髄膜炎によるけいれんであるのか。医師でも最初の症状だけでは、診断は難しいです。どちらかを見極めるためには、血液検査のデータで判断せざるを得ないのが現状です。

序章でもお話ししたように、検査の必要性に関しての捉え方はさまざまで、わずか数パーセントしか該当しない病気を疑うまでもないと、検査をしない先生もいます。

ちなみに当クリニックでは、「ごめんね、お母さん。たぶん大丈夫やとは思うけれど、検査しとこうか」と親御さんに説明をし、あらかじめ血液検査を実施しています。

けいれんを起こした

熱はない

ポイント

・大声で呼んだり身体をゆさぶったりしない !!

・衣服をゆるめて、子どもの顔を横に向けてねかす

・けいれんの持続時間、腕や足の動き、視線、顔色を観察しながら救急車を呼ぶ

子どものけいれんの多くは熱性けいれんで後遺症は残りません。ただし、持続時間が10分を超えると危険です。子どもがけいれんを起こしたら、すぐに119番にダイヤルして救急車を呼んでください。

38度以上の熱がある

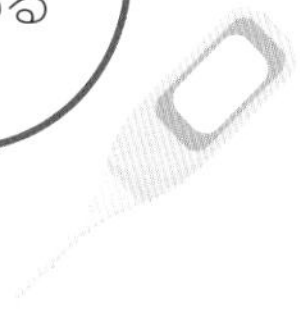

てんかんと診断されたことがある → 前回と同じ発作であれば様子をみる

泣き始めにけいれんが起こり2分以内に治まった（生後6か月から1歳くらいの赤ちゃんに多くみられる） → いわゆる「泣き入りひきつけ」の可能性が高い。病的なものではないので様子をみる

頭を打った、意識がおかしい、吐いた

上記に当てはまらないけいれん

→ 大至急病院を受診
救急車を呼ぶ！

けいれんが5分以内で、発作後の意識がはっきりしている → 当日にかかりつけの病院を自家用車で受診（夜間であれば翌日でもOK）

けいれんが5分以上続く、24時間以内で2回以上のけいれんがある

激しい頭の痛み、吐いた、意識がおかしい、腕や足の動きが左右で違う

→ 大至急病院を受診
救急車を呼ぶ！

チャートはあくまでも目安です。症状は子ども一人ひとりで異なるため、受診するべきか判断に迷った場合は、電話やオンライン医療相談システムなどで医療機関へ問い合わせましょう。

おわりに

ママ、パパ、そして子どもたちを愛する皆さんへ

どうでしたか、この本？
ある日、本屋さんで立ち読みされて悩んだあげく、お家に持って帰られて正解だったでしょ？　あはは、自画自賛ですんません。

この本を通して、
もっと小児科を気軽に遠慮せず利用してほしい、
もっと小児科の先生やスタッフと仲良くなってほしい、
もちろん、子どもによくある病気の症状について少しだけお勉強してほしい。

そういう願いを込めて書きました。この思いが皆さんに届くことを願っています。

「こんな軽い症状でもよかったですか？」「先生、ごめんなさい。お忙しいのに、こんなことで来てしまって」こうした言葉を毎日診察室で聞いて、「いやいや、そんなん関係ないやん、小児科は何でもええねん、心配やったらまた来てや、ほな！」と毎回お答えしています。

新型コロナの影響での小児科受診の自粛ムードは少なくなってますが、小児科を受診することへのためらい、遠慮、申し訳なさをお持ちの方々は、まだまだ一定数いらっしゃいます。ぶっちゃけて言うと、「何でもえーねん！　困ったら小児科に行きましょ」ってことなんです。

でも、今回、この本を手にされた皆さんは、もう大丈夫ですよね！　バンバン小児科を利用して、子どもたちに最適な医療を提供してもらってください。育児の悩みなどもしかり、ご自身だけで抱え込まず、これまた小児科を頼ってほしいと思います。

何度も申し上げますが、そのためには相性の良い小児科の先生に出会わないとあきません。そこがスタート地点ですわ。

本編でも触れましたが、お子さんの年齢が、皆さんの子育て経験年数です。生後2か月の赤ちゃんのママは経験2か月、2歳のお子さんがいらっしゃるママは育児経験2年です。

つまりは、子どもの成長と共にしか、育児経験や看病経験値は上がらないわけです。「もっと早く連れてきてあげたら入院になんかならなかったのに」と、ときにクリニックでは涙される方にも出会います。でもね、受診のタイミングを間違えたことに気づいて、後悔してくれる、そんな皆さんのもとに生まれてきたお子さんは幸せ者だと思いますよ、僕は。

だって、次は必ず学習されてナイスなタイミング、下手したら医師でもわからん超早い時期に異常を察して小児科を受診されますから。

子育ても看病も受診のタイミングもトライアンドエラー、完璧を目指さんようにしてください。失敗したらしたで、それを次に生かせばええんです。そうやってママやパパは、どんどん成長していくのだと思っています。そして、その手助けは、小児科医が全面的にバックアップしますし、してくれるはずです。

共働き世帯や核家族の増加によって、皆さんを取り巻く日本の環境は刻々と変化してい

ます。お子さんに何かあったときに相談できる相手、たとえばご自身のお母様などが近くにおられない方々も、大勢いらっしゃると思います。また、ママ友の多い方、少ない方、気の合う同世代のお友達にお子さんのことを相談できない環境に置かれている方々もいらっしゃるでしょう。お1人で子供の面倒を見なくてはいけない、病気になればそこへ看病がプラスされ、先の見えない重圧にストレスを覚えるお母さんも少なくないでしょう。そうした中で一番身近で頼りになる、ママが頼りにしたいのは……やはりパパ、そう、お父ちゃんやで！

今の日本はまだまだ「子どものことは嫁に任せてるんで」とおっしゃるお父さんが多いこと、多いこと。昭和の時代ではカッコいい父親像なのかも知れませんが、今の時代は逆に「カッコ悪いな〜」なんて感じてしまいます。お父さんも、どんどん育児や看病をお母さんと共有し、より多くの育児経験、看病経験値を上げてほしいと思います。その方が男としても魅力的だと思いますな。もちろん、お父さんたちだけでなく、おじいちゃん、おばあちゃんも大好きなお孫さんの看病を手伝ってあげてください。お母さんの大変さを減らしてあげる、スーパーおじいちゃん、スーパーおばあちゃんを目指されると、みんなハッピーですやん。

この本には、子どものよくある病気の症状の対処法やその重症度の見分け方、小児科受診のタイミング、簡単な病気の紹介などが、できるだけ簡単にわかりやすく書かれています。お読みいただいた皆さんが、少しでも不安な気持ちや心配な気持ち、漠然とした育児や看病のストレスから解放されることを願っています。

当たり前ですが、この本の言う通りにいかないのが医学というものです。お子さん一人ひとりも違いますので、書いてある通りにならんことは山ほどあります。でも、とりあえず、今後、何かしらの症状が出た際には関係する章を読み返してほしい、お時間がなければ、本書のオリジナルの症状チャートを見ていただきたいと思います。

何よりも大切なのは、矛盾するかもしれませんが、この本も含めた本やネットの情報やママ友情報だけを信用しすぎないことです。それらに振り回されず、皆さんの指南役となる、かかりつけの小児科の先生を見つけていただきたい。そして、先生や他のスタッフを頼ってほしいと思います。肩の力を抜いて、いい意味で適当に育児や看病ができるようになれたら完璧ですわ！

最後に僕から皆さんへ

現在、僕は兵庫県伊丹市の自分のクリニックで働いています。今はコロナで国内ですら往来の規制がある状況です（執筆当時）。が、コロナが落ち着き、ある程度、自由な生活が戻った暁には、関西にお越しの際はぜひ、当院にお立ち寄りください。幸い日本は新幹線、飛行機はじめ公共交通機関が発達しています。全国津々浦々から当院にお越しいただけると嬉しいなー。あ、すみませんが交通費、宿泊費、食費は皆さま持ちでお願いします。尚、お越しの際はこの本を必ずお持ちくださいね。なぜか？　そりゃ、僕が裏表紙にサインするからですわ。え？　サインなんか要らん？？　まあまあ、そう言わんと僕にサインをさせてください。では、皆さん、この辺で。さいなら、バイビー！

おの先生こと
小野英一

【著者略歴】
小野英一（おの・えいいち）
医療法人おの小児科 院長 兼CEO
高知医科大学（現高知大学医学部）卒業。
大学医局に属することなく救命救急病院 近森病院で研修後、
兵庫県立こども病院小児循環器内科、三田市民病院小児科で多くの子どもたちの診察、
治療を行う。小児科医として、エンターテナーとして、
自分の理想とする小児医療を思う存分やりたいという思いが強くなり、
2015年、兵庫県伊丹市におの小児科を設立した。
2019年には同県川西市に川西おの小児科・アレルギー科を新設し、
地域のファミリー層を中心に絶大な人気と信頼を集めている。

子どもが体調悪いとき、どうしたらいいの？

2021年 9月 1日 初版発行
2021年10月20日 第2刷発行

発行 **株式会社クロスメディア・パブリッシング**
発行者 小早川 幸一郎
〒151-0051 東京都渋谷区千駄ヶ谷4-20-3 東栄神宮外苑ビル
https://www.cm-publishing.co.jp
■本の内容に関するお問い合わせ先 …………………… TEL (03)5413-3140／FAX (03)5413-3141

発売 **株式会社インプレス**
〒101-0051 東京都千代田区神田神保町一丁目105番地
■乱丁本・落丁本などのお問い合わせ先 ……………… TEL (03)6837-5016／FAX (03)6837-5023
service@impress.co.jp
(受付時間 10:00～12:00、13:00～17:00 土日・祝日を除く)
※古書店で購入されたものについてはお取り替えできません

■書店／販売店のご注文窓口
株式会社インプレス 受注センター ……………………… TEL (048)449-8040／FAX (048)449-8041
株式会社インプレス 出版営業部 ……………………………………………………… TEL (03)6837-4635

カバーデザイン 城匡史
DTP 荒好見
図版作成 三重野愛梨
本文デザイン 石澤義裕
印刷・製本 株式会社シナノ
ISBN 978-4-295-40574-0 C0037